才斋讲堂系列

北大公开课

北大才斋讲堂精选·教育与心理

王 博 ◎主编

北京大学出版社

PEKING UNIVERSITY PRESS

图书在版编目（CIP）数据

北大公开课：北大才斋讲堂精选·教育与心理/王博主编. —北京：北京大学出版社，2024.4

（才斋讲堂系列）

ISBN 978-7-301-34587-0

Ⅰ.①北… Ⅱ.①王… Ⅲ.①教育学-文集②心理学-文集 Ⅳ.①Z427

中国国家版本馆CIP数据核字（2023）第203387号

书　　　名	北大公开课：北大才斋讲堂精选·教育与心理	
	BEIDA GONGKAIKE：BEIDA CAIZHAI JIANGTANG JINGXUAN·JIAOYU YU XINLI	
著作责任者	王　博　主编	
责任编辑	胡　媚	
标准书号	ISBN 978-7-301-34587-0	
出版发行	北京大学出版社	
地　　　址	北京市海淀区成府路205号　100871	
网　　　址	http://www.pup.cn　　新浪微博：@北京大学出版社	
电子邮箱	编辑部 zyjy@pup.cn　　总编室 zpup@pup.cn	
电　　　话	邮购部 010-62752015　发行部 010-62750672　编辑部 010-62704142	
印刷者	北京九天鸿程印刷有限责任公司	
经销者	新华书店	
	720毫米×1020毫米　16开本　11.5印张　180千字	
	2024年4月第1版　2024年4月第1次印刷	
定　　　价	68.00元	

编 委 会

丛书总序

创新决胜未来。党的十八大以来，以习近平同志为核心的党中央把创新摆在国家发展全局的核心位置，提出一系列新思想、新论断、新要求，为我们做好创新教育提供了根本遵循和科学指引。党的二十大报告首次将教育、科技、人才进行统筹部署、整体谋划，凸显了教育、科技、人才在现代化建设全局中的战略定位，进一步彰显了党中央对于教育、科技、人才的高度重视。当前，随着新一轮科技革命与产业变革的深入发展，科技创新已经成为国际战略博弈的关键领域，越来越多重大原创性科研成果的产生、新知识的创造及科学前沿的重大突破，大多是学科交叉融合的结果，这也对高校人才培养提出了新的要求。作为多学科交叉融合的重要阵地，高水平研究型大学要主动瞄准国家需求，勇担培养创新型复合型拔尖人才的重要使命。

近年来，北京大学不断深化研究生教育改革，坚持以高质量发展为主线，强化培养全过程管理，集中全校优势资源构建了系统性、全方位的研究生综合培养体系。其中，课程教学改革成效显著，特别是面向全校研究生开设了"才斋讲堂"通选课，打破了以往教学体系中以学科为基本单元的格局，以跨学科、通识性为主要特色，着力培养研究生的科学精神和人文素养，在跨学科教学模式创新、研究生课程育人和交叉学科创新人才培养的探索和实践中发挥了重要作用。

  "才斋讲堂"自 2010 年秋季开课以来，先后邀请 260 余名全校各专业的教师走上讲台，既有人文社科领域的学界泰斗、知名学者，也有理工医领域的"两院"院士、杰出科学家，他们结合学科的前沿进展与自身研究经历，向研究生们分享研究成果、方法和心得，让不同学科的精髓与魅力在"才斋讲堂"呈现、碰撞与交融。十余年来，"才斋讲堂"课程从"跨学科、融思政、聚热点、铸成果"四个方面聚焦并持续发力，切实推动研究生学术视野的拓展和综合素养的提升，在拔尖创新人才培养方面发挥了重要作用，已经成为北大研究生教育的一张闪亮的名片。同时，其建设理念也产生了积极的示范引领作用和辐射带动效应，一大批院系开设了类似的课程，形成了覆盖全校的课程群，为研究生多领域、跨学科课程体系建设打下了坚实基础。

  为更好地将北大探索跨学科拔尖创新人才培养模式的成果呈现给全校师生、教育战线同仁及各行各业读者，北大研究生院与北大出版社合作，出版"才斋讲堂系列"丛书。

  我们期望这套记录北大学人、讲述北大学术的丛书不仅能让广大青年学子丰富学识、增长见识，还能展先生之风采，赏先生之学识，感先生之态度，悟先生之智慧。在此，也祝愿北大"才斋讲堂"越办越好，与大师同行，助学子成长，促学术繁荣，兴北大发展。

龚旗煌

北京大学校长

目　　录

教师的专业发展对于教育发展十分重要。实践性知识作为教师主体性的表达媒介，能够帮助教师在稀松平常的日常工作中创造教育性事件，发挥教育的主体化功能。陈向明教授依托所主持的研究课题中的案例，分析了教师职业和专业发展所面临的挑战，从前人的研究入手，引出"教师实践性知识"的定义，介绍了教师实践性知识的表征形式、结构要素、呈现方式、生成媒介和教育性意义等。

现代大学最显著的两个特点是研究性和学术自由，19世纪的德国大学正好是大学研究性和学术自由的典范。陈洪捷教授介绍了德国大学的诞生、衰落期和19世纪德国大学改革后的辉煌期，并着重分析了洪堡的大学思想及其对德国大学19世纪的辉煌所做的贡献。今天，我们仍然可以以历史的眼光、清醒的头脑看待德国大学的理念与制度，并且以去粗取精的方法从中寻找到建设现代一流大学的突破口。

"心理理解"是个体对自己和他人心理状态的理解，并据此解释和预测行为的一种社会认知能力。这一能力对于我们的社会生活至关重要，而且毕生都在发展变化之中。个体可以通过面部表情、身体姿势和语言表达等线索理解他人的心理状态。"心理理解能力"的获得和发展既有文化普遍性，又表现出文化特异性。苏彦捷教授在讲座中介绍了亲子谈话和个体记忆分享的中西文化差异，阐述了个体"心理理解能力"获得和发展的影响因素，同时探讨了这一能力在社会人际互动中的作用和对家庭教养、学校教育以及个体发展的启示和应用。

第四讲　中国人谦虚人格的社会认知特征及神经基础 / 吴艳红 089

古语有云："满招损，谦受益。"谦虚自古以来就是中国传统文化的重要哲学思想，也是中国人的典型人格特征之一。谦虚是否会对人的社会认知与行为产生影响？吴艳红教授重点关注中国人谦虚人格的社会认知特征及其神经基础，结合相关研究，介绍了当下社会文化环境中的人们如何看待谦虚，谦虚是一种积极人格还是消极人格，谦虚如何影响人们的自我评价、社会交往和心理健康，以及谦虚人格的神经基础。

第五讲　情绪面面观 / 周晓林 115

人是一种时刻被情绪包围的动物，然而我们对自身情绪的了解有多少呢？我们的行为模式是如何受到情绪的影响呢？周晓林教授从情绪的心理学和神经科学研究入手，讲述了情绪的特征、基本情绪分类以及情绪的基本理论和脑基础。在本讲中，周晓林教授引用了大量有趣的研究案例，生动地展示了情绪的多样性、差异性，带我们走进情绪的世界，了解情绪。

第六讲　关于"自我"的哲学、心理学和神经科学思考 / 韩世辉 135

"自我"是人类思想的核心内容之一。哲学家对"自我"的存在和内容有很多思考和命题。心理学家对"自我"的认知机制做了大量实验研究，发现人在一定社会和文化环境下的普遍和特异的"自我"加工过程。认知神经科学家也试图发现人类大脑中"自我"加工的神经机制及其社会和文化属性。韩世辉教授在讲座中介绍了在哲学、心理学和神经科学领域，人类的"自我"概念及其加工机制的研究和观点，探讨这些研究结果和观点与每个人生活的关系及影响。

恐惧是一种最为原始的情绪反应，恐惧与动物的生存本能密切相关。于欣教授通过翔实的案例生动地介绍了与恐惧相关的精神障碍，包括单纯恐怖症、社交恐怖症、场所恐怖症、强迫及相关障碍，以及随着时代发展出现的错失恐怖症等；剖析了恐惧产生的神经机制，讲解了人的大脑中与恐惧相关的脑区及其功能，指出了减轻恐惧情绪和消除恐惧记忆是临床上两种消除恐惧的方式。除此之外，于欣教授还指出人类自带战胜恐惧的力量——勇气，但对于人类深层的死亡恐惧，目前还没有特别好的应对方法。

第一讲
教师实践性知识的教育性意义

陈向明

作者简介

　　陈向明，北京大学教育学院教授，北京大学基础教育研究中心学术委员会主席，北京大学教育质性研究中心名誉主任；中国教育学会学术委员会委员、世界课例与学习研究协会理事、华东师范大学上海终身教育研究院特聘研究员。湖南师范大学学士，北京师范大学硕士，哈佛大学教育学硕士和博士学位。研究方向为教师教育、课程教学论、质性研究方法等。主持课题十余项，出版著作十余部，发表论文270余篇；曾获"北京市优秀教师"荣誉称号。

内容介绍

　　教师的专业发展对于教育发展十分重要。实践性知识作为教师主体性的表达媒介，能够帮助教师在稀松平常的日常工作中创造教育性事件，发挥教育的主体化功能。陈向明教授依托所主持的研究课题中的案例，分析了教师职业和专业发展所面临的挑战，从前人的研究入手，引出"教师实践性知识"的定义，介绍了教师实践性知识的表征形式、结构要素、呈现方式、生成媒介和教育性意义等。

视 频 节 选

各位同学，今天很荣幸有机会和大家一起讨论教师的知识问题。今天我讨论的问题中的教师是指中小学教师。我国有大约 1800 万中小学教师，有 2 亿多中小学学生，所以教师的专业发展是一个非常重要的问题。今天我主要讲三个方面的内容：首先是背景，主要介绍教师职业和专业发展面临的挑战，这也是我为什么要讨论教师知识的问题。其次我会介绍教师实践性知识的界定、内容、形态和生成机制。最后，我会和大家探讨教师实践性知识的意义。

一、背景：教师职业和专业发展面临的挑战

我国虽然有很多师范大学，但是当前的师范教育为师范生走上教学岗位提供的准备是不足的。我国师范生一般是在大学的最后一年实习，大概有两个月的实习时间，虽然现在有的学校会让学生在大学三年级时去见习，但总的来讲师范生的实习时间是非常少的，所以师范生在进入学校工作前对学校的了解特别少。而在西方一些经济发达国家，师范生在大学一年级的时候，每周就会安排两天去学校实习，三天在大学学习；或者是一天的上午在大学学习，下午去学校实习。这样他们就能更快地了解学校的情况。

实习时间少导致师范生对学校的实践环节缺乏了解。除此之外，师范生所学的课程偏理论，也是导致很多师范生到了工作岗位后缺乏教学经验

的原因之一。虽然现在的师范生都会学"老三门"（教育学、心理学、学科教学法），但还是不知道如何教书。

与此同时，我们又看到中小学有一些优秀的教师涌现出来，他们有很多"妙招"和"套路"。他们的这些经验是怎么形成的？这些经验能够被年轻人学到吗？怎么表达出来呢？怎么被传递、被重构呢？当我们问这些教师为什么这么做，他们可能难以用语言表达出来，因为这些经验很多时候是缄默的。

另外，我国的教师还面临很多悖论。2001 年，我国开始了第八次基础教育课程改革，并提出要从"应试教育"转向"素质教育"，也提出了很多目标，如学生要学会自主、合作、探究等。但十多年过去了，实际上现在还是以应试教育为主。在这种背景下，教师其实面临很多的困境。

教育这个行当缺乏一种技术文化。所有的人都当过学生，所以一谈到教育，各行各业的人都会来评头论足，都会说我当学生的时候怎么样、教育应该这么做，关于教育的话语门槛很低，这就导致教育的规范性标准比较弱。

那么，在这种背景下，教师如何学习才是合适的？有怎样的知识结构才能成为一个合格的教师？

（一）流行的教师教育模式

现在流行的教师教育模式有两种。

一种是基于能力的（Competence-Based）教师教育模式。这个模式从 20 世纪 50 年代到现在都非常流行，主要针对学理论知识多、动手少的情况而提出，强调能力取向。研究者可以进到课堂观察教师的行为，然后再看教师的行为反映了他有什么样的能力，再依据这些观察到的能力设计成活动和学习内容来培训教师。该模式很关注教师的行为与学生的成绩之间的因果关系，也就是教师有什么样的行为就可能导致学生有什么样的产出。这种模式得到了政策制定者的支持，因为他们可以去评估教师。但是这种模式忽略了教师工作的复杂性，比较碎片化、机械化，而且是"去情境"地考察教师。同时，这种模式将对教师的评价与学生的成绩相关联，不仅会导致教师的压力非常大，而且会使教师的主动性（即个体的能动性）降低。因为，这个标准是一套外部的标准。

另一种是基于证据的（Evidence-Based）教师教育模式，这种模式起源于医学领域的循证研究。在这种模式下，研究者会进行一些实验，如设置实验组和常规组进行对比，看有干预行为的实验组会有什么样的变化。这种模式会有一个预定的目标，再去看达成这个目标最有效的手段（未必是明智的手段）是什么。像有效教学、有效学习等，都是强调这种效能。这种模式也忽略了情境性，还忽视了教师对自己的专业判断力、反思性、能动性，因为这种模式也是由外部的研究者进入课堂来观察教师，收集数据，评价教师是不是达到了预定的目标。

那么，在基于能力的教师教育模式中，能力由谁来规定？我国自上而下制定了很多的标准，以前师范生毕业了就可以直接去学校任教，现在的师范生要考试、面试，还要试教，通过了这些才能够获得教师资格证书。此外，基于证据的教师教育模式是由理论指导的，那这些理论来自哪里？什么是合理的证据？一线教师有自己的知识和判断吗？他们的专业性体现在哪些方面？到底什么样的教师才是优秀的教师？我想各位心中可能都有一个模式或形象，也许你没有遇到过，但这是你觉得的理想状况。

（二）教师专业发展的意涵

当我们谈到教师职业的时候，通常会提到专业发展的问题，也就是说如果把教师职业看作是一个专业的话，它必须具备一定的条件。什么是专业呢？有很多定义，我选了一个比较简单的定义，专业有三个条件：独特的知识类型，长期的训练，行业自治。下面，我着重讲解一下独特的知识类型和行业自治。

首先，有本专业独特的知识类型，不能够只是借用别的学科或别的专业的知识。比如一位数学教师，他的数学知识可能跟数学家差不多，他的教育学的知识可能和教育研究者也差不多，他的心理学知识也跟心理学家差不多，那他自己的知识类型是什么呢？其实是没有的。所以有人就认为，教师职业不是一个专业，教师不生产知识，只是培养人的流水线最末端的工人而已。教师的上游是专家制造的知识，教师就是把这些知识传递给学生，所以教师只是一个"搬运工"。20世纪八九十年代就有研究者讨论：教师是知识分子吗？有人认为不是，因为知识分子要生产知识，教师只是消费知识而已。当然也有很多人反对这种观点，他们认为，在教学过程中，教师对学科知识、教育学知识、心理学知识有一个重构的过程，所以教师其实也是在创造知识。那教师独特的知识类型到底是什么呢？这个问题在20世纪80年代以前很少有人研究。

有人认为教师职业不像医生、律师、工程师，有独特的知识类型或标准，所以他们认为教师最多是一个准专业。像北大的毕业生没有学习任何教育学、心理学相关的知识，然而他们要想进入北大附中、清华附中工作是比较容易，可能会比北师大毕业的学生更容易。这就提出一个问题：教师是不是一定要经过师范教育？美国的一个学者研究了一群受过师范教育和没受过师范教育的教师，研究结论是，对于教师来说，师范教育还是很重要的，特别是比较好的大学毕业的学生去到贫民窟（该学者研究的是美国的情况）的学校时，很难理解学困生的问题。他们不理解学生为什么会读不懂莎士比亚，因为他们自己是"学霸"，所以会觉得学生怎么这么"笨"。而师范教育可以帮助未来教师理解学生，理解学生发展差异，掌握一些学习理论、心理学的理论和教育学的原理等。

其次是行业自治。这点在我国其实也存在一些问题，我们的教师工会基本上变成了一个组织文体活动或发福利的组织。我国并未形成可以与行政抗衡的、独立的专业行会。

所以，以上三个条件满足了才能称为专业。那么，教师职业到底是不是一个专业？关于专业又有两种说法："专业化"（Professionalization）和"专业性"（Professionalism）。"专业化"更多的是指外部的、为了提高教师的社会、经济地位而制定的一些关于教师的标准、教师工资的评定办法等。"专业性"更多的是指内部的、教师自己对什么是好的教育、什么是好的学生、什么是好的课堂、什么是好的教学的理解。其实每一位教师心中都有自己的标准。但外部和内部之间经常会有矛盾。例如，现在国家针对教育、教师工作制定了很多标准，但这些标准真正落实到每个地区是有差异的，在有些地方这些标准是很难被落实的。但是教学又是非常情境化的工作，所以教师该如何平衡外部问责（Accountability）和内部自治（Autonomy）也是一个难题。教师群体有自己内在的标准，但是又要面对行政的外部问责，其实他们的压力非常大。我们的教育制度也是非常的层级化，一级一级的被问责，面临各种各样的考试，有各种各样的排名。这些也导致教师自己专业性的声音很难被表达出来。

（三）教师是一个什么样的职业？

教师职业到底是一个什么样的职业？亚里士多德曾经把人类的活动分成三大类：第一类是理论沉思，理论工作者面对的对象基本上是不动的，如物理世界，又如形而上学的哲学思考，再如神这种永恒的存在。这类工作对工作者的智力要求很高，但是不需要很多人。第二类是实践，它是因为善的目的而改变对象的活动，如城邦的管理，政治学就是一种典型的实践。教育也是一种典型的实践，因为教师面对的是一群不断变化的、具有个性差异的孩子，教师不管做得怎么样，都是为了孩子好。我们从外部看可能觉得他们做得不够好，但他们的本心是出于善的目的的。这样的工作非常复杂，不确定性强，而且经常会出现很多问题需要即时解决，解决这些问题具有紧迫性，不能说先去查书看看别人是怎么做的，这是来不及的。更重要的是，这类工作会有很多价值冲突。比如，什么是好的教育？如果到街上去做民意调查，你可能会得到非常多不一样的答案，不同的利益群体（家长、学生、老师、行政人员等）会有不同的利益诉求，最后落实到教师的工作上，他们就不知道该应对谁。很多矛盾的要求会加在教师的身上。

所以有人说，实践者就是在低洼的沼泽地里面挣扎，有时候甚至连问题到底是什么都说不清楚，只是觉得有"一团一团"的问题，拎出一个问题好像要解决了，这个问题又变成了另外一个问题，他们要不断地去重构那个问题；而搞理论工作的人是在干爽的高地，因为他们只要建构一套理论，自圆其说，内部没有逻辑冲突就可以成立。所以，做实践工作很复杂，也需要很多工作者。亚里士多德认为，做实践工作不需要很高的"Intellect"，但是最需要的是"Prudence"。我把"Prudence"翻译成择宜。也就是说，当实践工作者面对一个情境，他要根据此时此地的情形采取一个最恰当的方式，而且没有一个"放之四海而皆准"的原则可以直接应用，要根据自己的经验和现场的实际情况做出恰当的判断。这种择宜的能力，很像我们中国传统文化中说的"中庸"，就是不偏不倚、不走极端。第三类是制作，如工人、艺术家，他们要制作一些产品。实际上，教师的很多工作也是制作，比如：他们要做很多课件，要布置环境。而且教师实施教育并不总是通过语言，可能是通过和学生一起动手创造一个产品这样的方式。

教师职业需要工作者有"Critical Thinking"，有人将其翻译成"批判性思维"，也有人说我们中国人不喜欢这个词，因此将其翻译成"审辩式思维"，因为"Critical"不是指要去批判，而是指要保持一种谨慎的态度，就是不要轻易接受别人说的话或书中的观点，要在脑子里"掂量来、掂量去"。所以有学者提出，教师最需要的不是理论，而是折衷术（the Art of Eclectics）。通俗来讲，折衷术是指教师不是单独用某一个理论，他可能学了很多理论，如行为主义、认知主义、建构主义、人本主义，但在实践中，他会综合地运用这些理论。还有一种是熟虑术（the Art of Deliberation）。熟虑术是指遇到一个问题，要反复地思考，这也是一种"审辩式思维"。另外，教师作为成年人，其学习、发展，需要采用转化式学习（Transformative Learning），与其相对的是积累型学习（Accumulative Learning）。转化式学习是指一定要挑战自己作为一个人的基本假定，比如，你可能原本认为自己是一个善良、开放的人，但某天你可能遇到了一件事，而这件事可能会冲击到你的基本人生哲学，你会发现其实自己并不是那么善良，也不是那么开放。积累型学习就是你今天听了这个讲座，积累了一些知识；回去了你再读本书，你又积累了一些知识。所以，对成年人来说，最有冲击力的应该是转化式的学习，就是要经常进行各种各样的反思。

（四）教师需要什么知识结构？

如果教师要成为专业人员，要拥有"审辩式思维"，能够在遇到复杂的问题时，利用择宜的能力做出判断，那他需要什么样的知识结构呢？

学术界关于教师知识的分类有很多分法，具体如下：

两分法就是分成理论性知识和实践性知识。我们的研究也采用了二分法，这种分法比较宽泛。

三分法就是分成学科内容、学科教学法、一般教学法；还有一种分成原理、案例、策略。

四分法就是分为本体性知识（学科知识）、条件性知识（教育学、心理学知识）、一般文化知识（哲学，历史等）、实践性知识（教学过程中教师自己积累的、经过反思获得的独特的教学技艺）。

六分法分为学科、行业、个人实践、个案、理论、隐喻和意象等。

七分法是美国教育心理学家李·舒尔曼在20世纪80年代提出的，具体包括学科内容知识、一般教学知识、课程知识、教学化内容知识（Pedagogical Content Konwledge，PCK）、学生及其学习特点的知识、教育环境的知识，以及关于教学的目标、目的和价值及他们的哲学和历史基础的知识。其中，最重要的是PCK，在这之前都没有人提过，我们国家也有类似的提法，就是学科教学法。但是二者还是不一样的，PCK更关注用什么方式能够让这一班有不同背景、不同能力、不同兴趣的孩子更好地学习课程内容；它还有一些知识的呈现方式，如用图案、表格或动作，教学设计的时候还会考虑内容的逻辑关系等。PCK在教育学界成了一个流行词语，有很多篇博士论文都在研究这个知识类型，因为针对任何一个小的知识点都可以来研究怎么教，比如：怎么教阅读，怎么教数学建模，怎么教二元一次方程，等等。

后来，PCK 受到了很多人的批评，如有人觉得这个概念太狭窄，未考虑文化、情境的差异等。例如，有的农村小孩可能没有见过电梯，如果考试中出现电梯的话，那么这时他们就处于不利地位。于是，舒尔曼将情境（Context）、文化（Culture）加入教学化内容知识中，在此基础上又提出一个新词——教学化专业知识（Pedagogical Professional Knowledge，PPK）。舒尔曼他们研究了教师、牧师、工程师、医生、护士等职业，发现专业人员要把自己的专长传递给新手都是非常难的。很多医生也不知道怎么教，很多优秀的教师也不知道怎么把自己的知识传递给年轻人。舒尔曼还认为教师比医生更难，比如，动手术时，一个外科医生旁边会有几个助手协助手术，病人是躺在手术台上的；但是在课堂上，一个教师要面对几十个跑来跑去的小孩，教师工作是非常复杂的，难度是非常大的。

后来，又有学者提出，将舒尔曼 PCK 中代表"K"的"Knowledge"，改成了"Knowing"，翻译为"识知"，以便表达知识的动态性。

有丹麦的研究者调查发现，年轻教师到了学校，觉得最难的不是教本学科的知识，最难的是管理学生和处理教师之间的人际关系，以及如何与家长沟通。这些他们在大学都没有学过。而且大学是比较开放的文化，中小学相对而言比较保守，所以年轻教师刚进入工作岗位时会觉得很难适应，而且没有人告诉他们应该怎么做。他们只有在犯了错误以后，才会知道"原来规则是这样的"。这些规则属于"潜规则"，意思就是人们是知道规则的，但很少有人能说得清楚这个规则具体是什么，或者也没有人会那么开放地告诉你，因为这中间存在很多风险。

还有学者把教师在实践中解决问题的知识分成三大类：第一类是为了实践的知识（Kowledge for Practice），这一类是偏理论性的知识，如大学研究人员开发的课程、学科教学相关知识等。第二类是实践中的知识（Kowledge in Practice），是指教师在工作中通过自己摸索获得的知识，这类知识属于没有被提炼的经验性知识，是很难被传递的。第三类是实践性知识（Kowledge of Practice），这类知识试图要超越理论和实践、正式和非正式、内部和外部等二元对立，它不是不要学理论，而是要把理论和实践相结合，但是它更多的时候还是来自教师自己的实践。

二、研究：教师实践性知识

我们做这个研究其实是把知识先分成两大类，一类是理论性知识，另一类是实践性知识。理论性知识是指已经被编码、能够用概念和语言表达出来且已经进入到书本的一类知识。而实践性知识大部分是缄默的、身体化的，也就是具身性（Embodied）的。以前我们讲的知识都是一些命题，但是现在越来越多的研究发现很多时候知识可能是在行动中的，这些知识无法用命题来表达。

那为什么要研究教师实践性知识呢？我们认为教师如果要成为一个专业，首先要有独特的知识类型，但是这样一种知识类型实际上在现在的社会中是不被重视的。人们把知识分了等级，最高级的是基础学科，如数理化、文史哲，很多人认为最聪明的人应该去学这些基础学科。当然目前在北大没有体现这种现象，在北大更多人会选应用型专业。其实西方经济发达国家的大学鼓励最聪明的孩子去学基础学科，他们认为基础学科是最高级的学科，然后是应用学科，如管理、教育、工程等，最后才是中小学教师的实践。而我们想说，"三百六十行，行行出状元"。每一个行当都有自己的知识，只不过类型不一样，我们的社会要发展，必然要包容所有的知识类型。我们做这个研究的主要目的是提供一个理解教师工作的新视角，为教师的专业发展提供思路，为提高教师的地位赋权。在我国，很矛盾的是，虽然传统上非常尊重知识，也很尊师重教，但是在现实中教师不论是经济地位还是社会地位都不是很高。

（一）前人的研究基础

在我们的研究之前是有一些前人的研究的，比如波兰尼提出任何知识都是个人知识（Personal Knowledge）。个人知识不是指个人的、不能共享的知识，而是指这个知识一定要成为个人化的（Personalized）。这种知识很多时候是和人的求知热情、信念、寄托、价值观，以及求知的美感、洞察力相关。波兰尼在《个人知识》中提到，某个人对传统知识已经掌握得很好了，但是他觉得某个地方可能会有新的发现，他不一定能说得出来结果到底如何，但他依然不断地投入精力，孜孜不倦地去钻研，而这个新的发现通常会在他放松时就降临了，可能是做梦的时候梦见元素周期表，或者是在海边晒太阳的时候突然就顿悟了。而这涉及附带觉知（Subsidiary Awareness）（也称为支援觉知）。例如，人拿着锤子钉钉子，人的注意力要放在这颗钉子上，钉子就是焦点觉知（Focal Awareness）。但是要把钉子钉进去，人要调动自己的手、肌肉等，这些就称为附带觉知。又如学骑自行车，不可能读手册学会骑自行车；再如游泳，也不可能靠读游泳指南学会游泳，而是必须自己进入水里游。所以，人完成一个任务，要调动很多自己说不出来的、缄默的东西，而这些是人通过实践积累的，而不是通过学规则获得的。

所以，新手教师要成为一位优秀教师，就要跟着师傅学。当然师傅也很难直接告诉他原则一是什么、原则二是什么，但是两个人在一起，通过模仿、示范，甚至是一些不可言说的感染力（也可称陶冶），新手教师自然而然就能获得成长。我喜欢打乒乓球，打乒乓球的时候我就有很深的体会，我看旁边特别擅长打乒乓球的人打一会儿，然后我再打，就发现自己打得比以前好了。教师的成长也是如此，因为教师知识的显性部分是很少的，这些知识大部分都是在"冰山"下。

美国麻省理工学院教授唐纳德·舍恩提出了"行动中识知"的概念，也称行动中反思。他认为专业人员和理论研究者是不一样的，专业人员面临的情况很复杂，遇到问题马上就要解决，所以他们是在行动中反思的。通俗解释就是，专业人员在做某件事时，另一个自我要跳出来看自己在干什么、干得怎么样，发现有不恰当之处就立即调整自己的行为。

有研究者提出"有心的无意（Thoughtful Thoughtlessness）"，我觉得这个概念也很好，意思是一位优秀的教师，他的行为看上去是无意的，如摸摸孩子的头、拍拍他们的肩，但因为他是如此投入、如此关注这个孩子，所以这个行为是一种"有心的无意"。"有心的无意"也是在行动中形成的一种状态。

还有加拿大学者弗莉玛·阿尔巴茨提出的"意象"，意思是很多教师心中的好的课堂，不是用语言表达的，它可能是一个"意象"，比如，如果教师觉得"课堂就是我的家"，那么他就会把课堂布置成他印象中家的样子，或者他会努力营造他想要的氛围。

又比如，加拿大的现象学家范梅兰研究"教学机智"，他的著作《教学机智：教育智慧的意蕴》和以往的教育学的书非常不同，会把读者带入现实的情境中，学习也是通过共情、共鸣、实现的。

（二）为什么要从"实践性知识"入手

教师教育研究有一个变化，就是从关注教师的"外在行为"转向"内在认知"，从考察"做了什么"转向"为什么这么做"。在 20 世纪 60—80 年代，教师教育研究主要关注教师的"外在行为"。到了 20 世纪 80—90 年代，研究者发现教师的信念、知识会决定他的行为，教师教育研究就开始关注教师的"内在认知"（信念和知识）。20 世纪 90 年代至今，研究者们开始考虑教师不是孤立的，而是有群体的，于是开始关注教师的社会性学习。所以学术界就不再谈论教师的智商有多高了，而是说智商都是分布在教师的活动及各种人际关系处理中，也称为"分布智力（Distributed Intelligence）"，包括情感、领导力及身份认同（自我）等，都是分布的。

1.什么是知识？

在传统的定义中，知识是认识主体对外在事物正确把握后形成的信念。这句话里面有三个要素：一是知识是信念；二是对外在事物正确的把握；三是正确性要有证成，即要能够证明它是正确的。

我们发现这个定义并不适用于我们所研究的教师知识，因为这个定义是一个命题。如北京是中国的首都，这是一个命题，我们可以去检验。但是我们所要研究的教师知识是一种动作型的知识，这就不只是一个命题了，结果我们就找到了美国哲学家约翰·杜威对"知识"的定义。

杜威是实用主义哲学的代表，他对"什么是知识"有不同的观点。杜威提出，知识是通过操作把一个问题情境改变成为一个解决了问题的情境的结果。意思就是你遇到了一个问题，并且尝试解决这个问题，在你解决这个问题后获得了新的认识，而这就是你的知识。

杜威关于知识的观点是往前看的，而以往不论是理念论还是经验论都是往后看的。往后看的知识观点就是已经有一些知识存在，然后我去学习、掌握它；或者经验是存在的，然后我去验证它是不是对的。但是杜威的知识观是运动的、发展的，即我解决了问题就获得了新的知识。

我们就用杜威的定义把命题性知识和能力性知识结合起来。在教育学界有这样一种说法，就是将知识分成陈述性知识和程序性知识。陈述性知识是"是什么"的知识，程序性知识是"怎么做"的知识。我们要研究的教师知识就是两者的结合，教师既要知道"是什么"，还要知道"怎么做"。

2.什么是实践性知识？

在调研过程中，我们发现年轻教师都已经受到新课改的一些培训的改造，我们问他们"什么是好课堂"？他们的回答就是"自主、合作、探究"，他们没有自己独特的语言。但是老教师都有自己的一些见解，他们会说"一堂好课有'课眼'，老师、学生有默契"等。我们就收集了一些类似"课眼"这种本土概念，并从这些本土概念进行挖掘。

以"课眼"为例，"眼"是赋予事物完整意义和生命的一个要素，"课眼"就是一节课的灵魂。教师们也让我们听了一些课，这些课如果你也在场的话，你应该一辈子也不会忘记，课堂有很强的震撼力，并且能让大家都参与进去。

【案例 1】

一位地理教师在讲授能源问题时，原来以讲授教材内容为主，后来她发现学生参与度不够，一些坐在后排的学生在做自己的事情。这位教师通过行动中反思，改变了自己的教学方式。

第一步：要学生组成小组，说出自己所知道的能源。

在这位教师的理解中，这就好像把学生已有的能量进行一个汇集，类似台风中气体分子向低压中心运动，形成一种向心力。（因为她是一位地理教师，所以都是用这种术语。）

第二步：要学生对这些能源进行分类。

这一步是使汇集的能量结构化，促使学生将自己的理解形成一定的结构，知识的结构化是为了生成"课眼"，类似台风中能量在自偏力作用下偏向形成气旋。

第三步：要学生根据能源的现状，讨论世界能源问题与发展前景。

这一步是教学的核心，在学生的理解中开始产生了一些张力，在离心力作用下开始旋转，形成了"风眼"。

"课眼"是以课内外的教学资源为载体，以师生的前认知作为能量（例子中要学生说出他们知道的能源，这就是学生的前认知，教师备课了，她也有前认知），用恰当的教与学的策略作为汇集能量的手段，在课堂上形成对学习经验的价值认同和升华。"课眼"本身不是实践性知识，因为"课眼"是一堂好课的一个状态。教师应该如何做才能产生"课眼"呢？那就需要运用实践性知识。再问教师利用什么样的实践性知识才能产生"课眼"？教师们就说："灵活调动和利用教学资源，在放与收、动与静、预设与生成之间保持平衡，关注学生的学习状态并有效调动其参与，将自己与学科和学生融为一体。""与学科和学生融为一体"这一点特别重要。首先是"与学科融为一体"，很多时候教师是躲在学科知识背后的，也就是说教师把知识灌输给学生，但是他没有个性化地教这个学科。好的教师会说"我就是语文""我站在这就可以了""教材就是为我用的"，所以他是把自己与学科知识相融合；其次是"与学生融为一体"；这个时候才能产生"课眼"。

后来，我们课题组提出教师实践性知识的定义：教师实践性知识是指教师通过对自己教育教学经验的反思和提炼所形成的，并通过自己的行动做出来的（Enacted）、对教育教学的认识。[1]我们定义教师实践性知识是教师的一种认识，但是这种认识一定是可以被做出来的，不能说教师认为课堂应该怎么样，我们还要看他是否真的做到了。所以我们会去观课，课后再问他："刚才你怎么这么做？你当时怎么想的？你觉得你这样做反映了你对教育什么样的认识？"这样的研究强调实践的重要性，不是学了理论就可以应用于实践。虽然师范生在学校学了很多理论，但是到了真实的教学环境中再问他们：你们觉得什么最有用呢？好多人将以前学的理论都忘记了，所以还是在真实的课堂中"摸爬滚打"获得的经验，才能印象深刻。

当然，理论是有价值的，只是学理论的时候应该安排更多的实践环节（强调实践优先），这样才能让教师有真实感。缺少实践还会导致一个问题：师范生到了中小学会有一种失落感，因为他们之前并不了解中小学真实的工作氛围，去了以后才发现压力很大。如果师范生能早点进入学校的话，我想他们会更容易并且更快地适应。

3. 教师实践性知识的表征形式

实践性知识最有趣的是它的表征形式，它的表征形式包括：图式（意象、隐喻），语言（案例、叙事），动作（身体化、行动的公式）。下面来看几个案例。

【案例2】

教师问孩子从一楼到五楼要走几段楼梯，小孩就会说5段，教师说："你们把那个手张开，从1到5，这中间有几段。"学生回答："只有4段。"

---

[1] 我们花了十多年的时间做这方面的研究，做了两个三年的课题，课题组成员组成小组，3～4人到一个学校，每周去一天，进行了将近一年的时间。在这个过程中，我们不断地分析资料，大概开过差不多五六十次会议，后来课题也形成了很多小的研究作品，现在也出了一本书，书名为《搭建实践与理论之桥：教师实践性知识研究》。

【案例 3】

一位教师教学生量圆周，她自己比较胖，肚子很大，就说："孩子们，上来量一量老师的肚子有多大。"

【案例 4】

一位地理教师在向学生讲授大气散射现象时，将教室里的灯关了，然后问学生："没有阳光射入的教室，如果关上灯，本应该是一片漆黑，因为没有光源。但现在我们的教室还是亮的，只是亮度减弱而已，为什么会是如此呢？"学生表现出很高的探究兴趣，在教师的带领下开始分组讨论，然后回答教师的问题，得出正确的结论。过后，当被问到为什么要关灯时，教师说这样可以为学生创造一个思考的情境，促使学生在教室里寻找光的来源，用自己的眼睛和思考去发现看不见的空气分子在起作用——散射太阳光。如此一个简单的关灯的动作就具有了重要的教育意义——让学生自己去发现。

我们就说你这个好像也挺简单的，只是一个步骤而已。她说这个对我们特别有用，比如说我下回要教"什么是'露'"，就可以拿一瓶冰镇矿泉水放在讲台上，然后提问："这么多露水哪里来的？"那学生就会觉得很困惑，然后从这里开始探索，再查书，做出解释。

这个教师认为：实践性知识＝可感知的学习情境＋教师提问。她说："这种公式对我们特别有用，我可以运用到教其他的知识点中。"

那么，这些从缄默知识到缄默知识，或者从显性知识到缄默知识是如何传递的？有日本的学者研究东芝这类大企业的创新，发现缄默知识到显性知识有不同的传递方式：① 联结化，就是从显性知识到显性知识（如说给你听），但是这种方式是很有疑问的，就是你听了以后是不是明白了，回去能不能做，其实是不知道的。② 内在化，显性知识变成缄默知识就需要内在化，那怎么才能内在化？就是需要去运用这个知识，这个知识才能变成自己的。③ 共同化，缄默知识有时难以用语言传递怎么办？就可以通过两人共事来传递，如一起备课、上课、评课等。④ 表出化，就是将缄默知识变成显性知识的方式，如写教育叙事、写日记，把缄默知识表达出来。

有一本名为《体验式学习》的书，书中提到，其实人对环境的反应是不一样的，有的人偏内向，喜欢反思；有的人偏外向，喜欢行动。不同职业的人有不同的学习风格，如运动员、舞蹈家喜欢动；哲学家喜欢抽象、概括。这样就形成了四类不同的知识：顺应性知识、发散性知识、辐合化知识、同化性知识。这个作者使用的是皮亚杰的同化、顺应概念。同化就是你知道了一个概念，看到一个事物可以归到这个概念中；顺应就是你看到一个事物，这个事物无法纳入你现有的知识图式中，你要改变自己的知识图式。例如，在传统的认知中，一个家庭必须由一男一女夫妻组成，但是现在国外有些国家同性恋也可以组成家庭，这与我们已有的知识图式不一致，此时就要发生顺应，而顺应了以后你再接纳不同类型的同性恋，就是同化。除此之外，还有发散、辐合等概念。总的来讲，学习风格可以分成四大类：思维型、理论型、应用型、活跃型。

教师实践性知识很多时候可能是缄默知识，但是它背后也是有理念支撑的。举一个例子，我们课题组在研究过程中发现，有教师喜欢说，我是一个"抖包袱的老师"①，这种类型的教师学科知识特别丰富。还有一位教师说："我就是语文，我生来就是教语文的。"这是一位快 60 岁的男教师，他说："我几乎没有自己的生活，我一天到晚都在想怎么教语文，而且同样的内容我一教学生就喜欢。"每位教师的脑子里都有一棵知识树，

---

① 抖包袱的老师：类似演员，位于学习舞台的前台，具有好为人师，喜欢"显摆"的心态。[注释来源：陈向明．理论在教师专业发展中的作用 [J]．北京大学教育评论，2008，21（1）：39-50.]——编者注

他对一个学科是非常清楚的，但是怎么把它教给学生其实是很困难的。因为学生的知识树是不一样的，甚至几十个孩子，每个人的都不一样。那么这位有经验的教师就会说：这个学生提个什么问题，我就大概知道他的问题在哪，我就点穴，一点就一通百通。而没有经验的教师就不知道这个问题在哪里，需要花很长时间去探索。在中国，教师们有这样一种说法，这种说法在国际上都没有人提过，就是重点、难点、关键点。重点是指这个教学内容中的重要内容，难点是指学生学习这个内容困难的地方，关键点就是点穴。但是这是教科书里的话，我们调研时一位教师就真的拿了一个穴位图来了。在我们开课题会的时候说："你看我们就是要这样来点穴，我才能让这个学生知道这个知识之间的关系。"

在研究过程中，我们还要学生写下来："你们印象中这个老师是什么样子的？"几乎所有人都谈到他的激情。只要这位教师上了讲台，就再也不能用"文弱书生"这样的词汇来描写他了，他就像一位体育教师，在课堂上"手舞足蹈"。他自己也说："一开会我就打瞌睡，一到课堂上我就来神，我的语调就高八度，就是不由自主地提高八度。"所以，学生写下的对他的印象有：口能点火，笔能生花；他的课是像"吼"课，像一场视听的盛宴。这位教师的语文教得好，他自己也很会写诗，很会写文章，所以他点评学生的诗文时也特别到位。这样的一种身体力行才能让原本很多不喜欢语文课的学生，也变得喜欢语文了。

还有一类教师，说自己是"无为的老师"①，这类教师其实比较符合新课改的要求，就是他不在前台，相信学生可以自己来建构这个共同体。

---

①　无为的老师：舞台的背景、学生学习的协助者。他们将学生推到前台，自己不"显摆"，不太外露。［注释来源：陈向明 . 理论在教师专业发展中的作用［J］. 北京大学教育评论，2008，21（1）：39-50.］——编者注

他的课堂是外松内紧，不像前面那个教师，他要抖包袱了，大家一定都得看着他。这个"无为的老师"像水一样，形散神不散。他的课堂就好像一个碗，碗有一个壁，对吧？但是碗里面是空的，所以这样的课堂有很多的空间，让学生自己发声，在这样的课堂上比较容易产生"课眼"。因为我们说过"课眼"是一种状态，可遇不可求，"课眼"的产生很多时候依赖于学生，依赖于教材，依赖于教师，依赖于课堂教学中各方面的天时、地利、人和。这类教师还有一个特点就是遇到问题会示弱，比如，学生遇到困难，他就说："老师也不知道，同学们你们知道吗？"这个时候学生们就会跃跃欲试。而且这类教师会将心比心，他会想：如果是我会怎么样？或者他会回去问自己的孩子，然后和学生进行对比。这类教师一般不会详细备课，虽然现在学校都要求教师备课要详细，但有时候太详细的备课反而会约束教师的临场发挥。所以他们会说："我最好的状态不到现场是出不来的。"这是一种身教重于言教、一种"有心的无意"的状态。在"无为的老师"的课堂上，学生反而是跃跃欲试的，有一种很安全、温暖的氛围，有一种深层次情感的涌动。学生会认为，知识是我们自己"抢"过来的，不是教师传递给我们的。

有学者说，作为教师，"有意识地我们教我们知道的，无意识地我们教我们自己。"这句话的意思是，教书匠就是教知识，但是人师是教自己，他是用自己这个人本身来感染另外一个生命，这样的教应该是更高层次的一种教了。

4.教师实践性知识的结构要素

根据我们的研究，教师实践性知识的结构要素包括以下几个方面。① 主体：实践性知识的拥有者是教师，而不是外部的研究者或大学的专家；② 问题情境：教师必须面临一个令其困惑的、有待解决的问题；

③ 行动中反思：教师必须反复思考并采取行动来解决这个问题；④ 信念：获得的是更新了的信念。上述四个基本要素是一个相互联系的整体，必须以"打包"的形式呈现。也就是说，要有一个情境，并将情境和问题解决的过程作为案例。为什么很多学科要用案例教学？如哈佛大学的管理学院，他们积累了很多的案例，让学生进行角色扮演。因为有些实践工作不能只谈"原则"。我们在调研过程中遇到过一个这样的案例。

【案例 5】

有一个初中生，他老是每天迟到 3 ～ 5 分钟，而且屡教不改。

他迟到的原因总是："昨天晚上学习晚了，今天起晚了。"

这个老师是每天早自习要发卷子，要求学生做卷子的，老师就说："那你来晚了，就不给你卷子。"

学生说："要这个卷子是我的权利。"

老师说："学生的权利和义务是对等的，你不履行义务，怎么能够要求你的权利呢？"

别人就问这个老师说："你这一招管用吗？"

他说："挺管用的。后来就再没有人迟到了，杀鸡给猴看了。"

然后这些老师又说："你这个方法奏效，因为这是一个初三的重点班，你的学生除了学习什么都不关心。但是我那个班的学生成绩都一般，他们也不爱学习，你不给他卷子，他就正好不做卷子了。"

然后大家就问："那你这个班的学生喜欢什么呢？"

他说："喜欢踢球。"

"那你就把球给收了呗。"

老师们总结说：经验加背景等于教师的实践性知识，就是说一定要把这个经验放到背景中。后来小组讨论的时候，有一个教育学的博士生说：

"你们说的这个书里面都有，比如说用学生感兴趣的方式调整学生的行为。"这些教师说："那可能我们在大学时也学过，但是都已经不记得了。"因为那种条文很难记住，但如果有一个例子，就会记得为什么会这样。

也有人研究过，实践者遇到问题的时候，通常会把一个陌生的环境看成一个熟悉的环境。如果我对这类情况不知道怎么处理，我就会从自己的经验库中搜索相似的情况，并按照原来这种相似的情况来做，也就是将隐性的背景变得显性化。例如，有很多关于下棋、打高尔夫之类的研究发现，行家和新手的区别就是行家的经验库特别大，而且他们的经验库是有情境的，不是一些条文。所以我们认为，教师实践性知识也要以"打包"的方式呈现。

5.教师实践性知识的生成媒介

教师实践性知识的生成媒介可以分成两大类：第一大类是个体反思。有不同话语的对话（权威话语和内部说服性话语），权威话语就是官方的话、行政的话，或者报纸上的话；内部说服性话语就是自己的表达，这种话语才能让教师知道自己的教育信念是什么；还有就是写教育札记、叙事、自传等。第二大类是集体互动，现在有各种实践共同体（如教研组、年级组、名师工作站、学区教研等）。实践共同体有三个要素：共同的事业、相互的承诺、共享的经验库。有这三个要素才能组成实践共同体：如果你投入，我不投入，那我们很难组合在一起；如果没有共同的目标也做不好；如果经验库不太相似，互相之间无法理解，也无法合作。

另外，根据俄国心理学家维果茨基的文化历史活动理论：学习要放到社会情境中（拓展性学习）。西方的思维一般是二元的，就是从主体到客体，或者从刺激到反应。而维果茨基将它变成一个三角形，加入了一个人工制品。后来他的学生又加入了更多的内容，有共同体、共同体的规则、劳动分工，这样就使得这个三角变得更加的复杂了。

我们课题组的研究成果《搭建实践与理论之桥：教师实践性知识研究》一书中，将教师实践性知识的产生和发展的过程画了一个图：

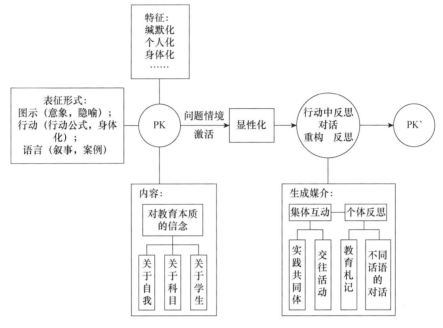

教师实践性知识生成图

上图中的 PK 代表实践性知识，该知识来自教师自己以往的经验，可能是显性的，但大多数是缄默的。当教师遇到一个问题情境时产生了意识上的困惑和冲突，PK 被激活了，被教师自己所意识到，就成了显性知识。当教师意识到自己原有的 PK 不再好用了，需要调整和改进，教师会通过在行动中反思，与情境对话，对问题情境进行重构。在行动中反思的过程中，教师可使用的生成媒介有集体互动（实践共同体、交往活动）和个体反思（教育札记、不同话语的对话）。通过行动中反思后形成的教师实践性知识是一个新的知识形态（上图中用 PK'表示），并且因其运用所取得的教学效果而被确认为"真"的信念。它由 PK 作为其母体，但它已经有所发展。

随着教师今后的发展，PK'还会随着情境的变化而不断发展和变化。其他教师在类似的教育情境中有可能借鉴这个PK'，但由于作为主体的个体教师具有不同的个人特质、生活经历、教育背景等，他们在使用这个PK'时仍会有自己个性化的创新和发展。

也许有人会挑战我们："你们这个教师实践性知识说得好像挺玄乎的，这不就是能力吗？"我们所说的教师实践性知识不等同于能力，而是一种信念。有研究者提出，影响教师的六个要素，越是靠近中间的，影响越大（见下图）。最中间是使命，就是我一辈子到底要干什么？第二个是认同，我认同教师职业吗？我喜欢教师工作吗？第三个是信念，这就是我们所说的知识的层次。第四个是能力。第五个是行为。第六个才是环境。我们很多时候对问题进行归因，很快就归因到环境，但这其实有很多层次。知识更靠近中间，比能力更重要。此外，它不仅是信念，而且

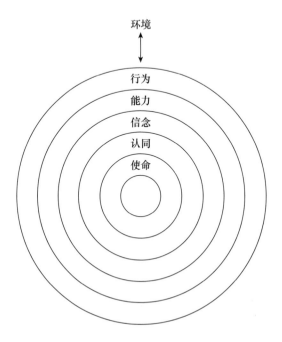

影响教师的六个要素

是做出来的信念。

下面我们共同来做一个练习：我们课题组遇到这样一个案例，我们来分析一下这个例子。

【案例6】

一天，同往常一样，李老师在四（1）班发数学卷子，并宣布高分成绩的同学名单。她念前几个人名时，学生们的神情只是美慕和佩服。可是当她念到"赵波，98分"时，教室里却惊呼一片，继而是一阵热烈的掌声。她觉得"这掌声里充满了善意，但也隐约感觉到赵波从听到98分到听到鼓掌，脸上的表情是由高兴到不怎么自在"。她并没有接着念下一个高分，而是马上问大家，"你们为什么要鼓掌啊？""赵波考98分！赵波考98分呢！"这样的声音充斥着教室。她说，"我知道你们是好心鼓掌，可是，赵波怎么就不能考98分呢？我的看法正好相反，我觉得你们的掌声带着偏见，带着轻视，带着对赵波的不了解。你们知道他有多聪明，有多爱动脑筋吗？很多次大家觉得困难的题目，他都能够认真钻研。我不仅一直觉得他没有不如别人，反而觉得他一直是一个了不起的人物，是一个能成大器的孩子。"这时孩子们表现出来的是另外一种惊讶，而李老师则"感觉赵波的眼神变了，似乎充满了坚毅"。

案例中的这位教师和大部分中小学教师一样，都面临着应试教育和素质教育的冲突，她不得不公布分数，因为要让学生知道自己的分数和名次才会努力，还要让家长知道自己孩子的分数和名次。但是她又觉得当学生们看到一个后进生得了高分就鼓掌时，这说明他们对后进生是有偏见的。那么这个案例后面教师的做法展现出了一种中庸的实践，这位教师既要照顾鼓掌的学生，因为他们还是善意的，但是她又看到了"赵波是很不自在的"，她要保护赵波的自尊，让学生们意识到他们的掌声里面隐含了很多偏见。她希望通过这个机会，让学生意识到如何公正公平地对待每一位同学。

我们的分析实际上是把这位教师提高到一个公共知识分子的位置，虽然她没有多大的空间来抵制应试教育，但是她利用一个突发事件，引导学生看到考试背后的复杂性。

教师面对的工作是一个整体性的工作，教师个体也是一个整体的人，所以很多时候对教师分门别类地进行培训，其实是很肢解的，让教师学很多种技术，但是在实际教学中如何整合是很困难的。而实践性知识让大家看到教师作为一个整体的人是如何行动的，如何做决策的，这样也可以为教师的资格标准、职业晋升提供一些政策性建议。

三、讨论：教师实践性知识的意义

下面我们从五个方面来探讨教师实践性知识的意义。

一是从本土角度来描绘中国教师在行动中的动态画像，避免"破坏性分析"。

二是为教师的专业性赋权。有学者提了四种学术，通常我们现在只关注研究，其实教学也是一种学术，那如何将这种学术提炼出来是需要做工作的。

三是对"强介入"的质疑。很多专家进入学校，是一种"强介入"，是去改造学校。但是教师有的知识是工作坊式的知识，而不是博物馆式的知识。博物馆式的知识是被分门别类地摆在那，学起来是很清楚的。而教师的知识很多时候在做的过程中分类是不清楚的，那么专家的介入有可能会破坏教师原来的文化，把一些知识强加给他们。所以我们会更关注一线教师自己的声音，如他们用什么概念，他们的概念跟学术界的概念是不一样的，他们有什么范例来支持这些概念；然后从他们提供的概念中进行挖掘，而不是直接给他们一些东西。

四是对实践共同体的质疑。有很多学校实践共同体的文化很好，教师之间平等合作，但是他们的很多概念很保守，而且他们不知道自己保守。比如，他们认为"以本为本"就是强调教材很重要，要把教材作为基础，教学不能逾越教材的范围。但实际上在改革者的话语里，"以本为本"是指教材只是一个参考，教师可以拓展以丰富学生的知识，所以不要教教材，是用教材教。

五是提高教师的主体性。我国已成为世界第二大经济体，义务教育普及率已经到了99.9%，高等教育的毛入学率也在2018年就到了49%，在国际学生评估项目中我们学生的成绩也位居前列。但是我们调研发现：很多教师都有职业倦怠感。教师工作不仅是"情感劳动"，很累心，而且是一种关系性实践，是和"人"有关系的工作，事情会非常多，时空边界不清晰。教师的主体性也没有得到体现，很多时候教师要被外部问责，被行政规定困住，事情很繁杂，从早忙到晚。那什么是主体性？主体性一方面体现为主体在特定的社会文化和制度环境下，有能力去选择、有资格去践行、有勇气去承担自己认为重要的事情；另一方面，主体性并非被主体所占有，而是在实践中不断浮现、转化和发展的。格特·比斯塔在《教育的美丽风险》中提到，教育有三个功能：资格化，社会化，主体性。资格化是指通过读书获得学位；社会化是指习得了成为一个社会公民必要的行为规范；主体性是指能不能真正按照自己的意愿选择、承担自己认为重要的事情。在我国传统文化中也有倡导主体性，如"学以为己"，这个"己"不是为自己，而是自己要修身养性，才能齐家治国平天下，实现学以成人这样一个追求。比斯塔还提到：我们现在的教育都是"强教育"，先把目标定好，把轨道设计好，再去训练学生。这不是真正的教育，真正的教育是不可事先规划的，是有风险的，而且这个风险是美丽的。因为有了风险才会有不可预测性，才会有可能性，而这个可能性是我们现在不可能知道的可能性。所以他提倡要用"弱教育"，不要强行把轨道设计好，而是要有生成性的思维。他非常强调事件教学法，就是教师要创造一些事件，让学生遭遇心灵上的冲击，这个时候才有教育。教师的主体性体现在实践智慧，谨慎地看待风险，创造一个又一个教育性事件，由此来培养学生的主体性。

前面我们讲过三种实践知识（为了实践的知识、实践中的知识和实践性知识）。为了实践的知识是大学的研究人员、理论家研究出来的，它没有体现教师的主体性；实践中的知识是教师自己在实践中积累的知识，但此时教师的主体性被神秘化了，不知道怎么向优秀教师学习；实践性知识则有可能浮现教师的主体性，它实际上是将为了实践的知识和实践中的知识结合起来了。

我们认为实践性知识本质上是一种具有行动者主体性的知识。因为具有实践性知识的教师并不完全依赖外部专家的理论知识，也不是绝对按部就班地执行课程标准和教学计划，而是基于真实的教育情境，即兴创造教育性事件。

这三种知识也和教师的学习模式相联系。第一种学习模式是"获得模式"，教师通过读书和听讲座收获为了实践的知识。第二种学习模式是"参与模式"，教研组的教师们一起备课和研讨收获实践中的知识。第三种学习模式是"拓展学习"，也称跨界学习，就是大家共同创造新的知识（实践性知识），对人生、对世界看法不是固定的，我们不知道明天会发生什么，这样也给个人、教育乃至世界带来了希望。

实践性知识是行动者主体化的外化和实践表达，并成为行动者主体性发展的重要源泉。而且，关注教师实践性知识有助于破解教师为什么会产生职业倦怠。因为人们在评价教师时往往看到的都是数据，如多少人得奖，而没有看到数据背后很多疲惫的身影。当教师实践性知识促使教师主体性浮现，我们便能够在大数据的框架中窥见众多鲜活的、行动着的教师身影，发现我国前所未有的社会转型与教育变革，以及一线教师有何种可为与能为的空间。

以前我们研究实践性知识，都是提它的三个特征：一是独特的个人知识；二是大部分是缄默的、行动取向的；三是教师对其经验反思后所获得的、情境化的实践智慧或专业技艺。现在我们增加了一些新的特征。

（1）教育性——主体性功能。

（2）意向性（指向自我），与主体性相关。意向性包括两个层面，一个就是主体，自己对自己的经验有一个辨识，即教师知道自己是怎么学习的，然后再将经验运用到教育实践。下面的案例展示了教师将自己的语文学习经验再现给学生的过程，其实就是实践性知识意向性的表达，并体现了这位教师主动变革语文教学的主体性作用。

【案例7】

高中学生语文学习的被动状况在吴老师的班上普遍存在，他把《中国通史》拿过来给学生读，却激发了学生的兴趣，而且学生在课堂上的讨论欲罢不能。这促使这位教师回想自己语文学习的经验并意识到，自己对语文的美好体验也是源于那些贴近生活的文本素材，例如历史传记、人物小说，而非教材大纲的读写要求。如果学生对文本感兴趣，就会展开对话；对话能激活思考，学生就有了思想；有思想，写作就成为水到渠成的事情。为此，他大胆地对传统语文课堂教学进行改革，创造学生感兴趣的"专题学习"形式。每个专题分为自读原著、课堂研读参考资料、课堂研讨和论文写作四个阶段，将语文与生活联系了起来。

（3）伦理性（指向他者），与行动相关。前面的案例6中学生为后进生得高分鼓掌，教师及时地给予引导，这高分而引发的掌声便是教师伦理性教育实践的切入点。我们把这位教师的实践性知识表现称为"他者关怀的中庸之道"，就是她不打击鼓掌的人，也不贬低获得高分的赵波，而是两者都关注。

（4）超越性（指向结构性制约），与情境相关。超越性并不意味着教师与制度性结构直接抗衡或者逃离，而是主动反思现存身份和地位，在有限的空间内创造一些新的做法。

在教育实践中，教师主体性浮现的过程超越了知识教学的边界。教师用自我行动呈现了主体性的"人"化形象，更加贴近了主体化教育的本质诉求。当我们称一个人为教师时，不仅因为他的行动与教育的本性相连，更因为他用自己的主体性培育了学生的主体性。

2018 年 11 月 2 日

（根据讲座录音整理，已经本人审阅）

第二讲
从德国大学的理念和制度中寻找现代大学的突破

陈洪捷

作者简介

陈洪捷，北京大学教育学院教授，北京大学博雅教授，现任北京大学中国博士教育研究中心主任、《北京大学教育评论》主编、中国学位与研究生教育学会研究生教育专业委员会副主任、国务院学位委员会教育学科评议组成员，欧美同学会德奥分会副会长，蔡元培研究会秘书长。曾在德国柏林自由大学、柏林洪堡大学等多所德国大学做访问学者。主要研究领域有高等教育原理、研究生教育、德国高等教育、高等教育史等。著有《德国古典大学观及其对中国大学的影响》《中德之间——大学、学人与交流》《博士质量：概念、评价与趋势》《观念、知识和高等教育》等。

内容介绍

　　现代大学最显著的两个特点是研究性和学术自由，19世纪的德国大学正好是大学研究性和学术自由的典范。陈洪捷教授介绍了德国大学的诞生、衰落期和19世纪德国大学改革后的辉煌期，并着重分析了洪堡的大学思想及其对德国大学19世纪的辉煌所做的贡献。今天，我们仍然可以以历史的眼光、清醒的头脑看待德国大学的理念与制度，并且以去粗取精的方法从中寻找到建设现代一流大学的突破口。

视　频　节　选

各位同学，晚上好。非常荣幸能够受邀来北大才斋讲堂给大家讲课。我的题目是关于德国大学的。为什么要讲德国大学呢？不是因为我是学德语出身的，后来又研究德国教育。大家都知道，一提到世界一流大学，我们就想到哪些大学呢？想到哈佛大学，想到斯坦福大学，对吧？但是在一个世纪以前，那时候提世界一流大学的话，人们想到哪里的学校呢？德国的大学。毫无疑问，当时德国的大学是世界超一流的大学，那时候还没有美国的事。现在，北京大学在建设世界一流大学，中国在建设世界一流大学，那么世界一流大学如何能够建成？又如何赶超其他国家的世界一流大学？回顾西方的历史，世界学术中心在不同的世纪、不同的年代，是不同的国家在轮流"坐庄"：意大利，法国，英国，后来是德国。德国是在19世纪成了世界学术中心。后来，德国把世界学术中心的接力棒交出来给哪个国家了呢？给美国了。从历史来看，美国今天在学术、科学上的霸主地位，并非一劳永逸。有一天，也许在我有生之年，世界学术中心就不在美国了。我当然希望，中国能把这个接力棒接过来，这也是有可能的。我们通过回顾德国大学的历史，也许会对今天中国世界一流大学的建设，有一些启发。

一、导言：现代大学的特征

现代大学是一个很模糊的概念，我也不对它做很多的界定，如果现代大学有一百个特征，或者是有二十个特征的话，我把它精简到两点，我认为至少要具备这两点才能称为现代大学。

第一点是研究性。研究性是现代大学的根本特征。大家知道欧洲的大学历史悠久，从 11 世纪开始，就有意大利的博洛尼亚大学和法国的巴黎大学。在漫长的若干个世纪里，这些大学的主要任务是什么呢？传授既有的知识。传授知识当然也要整理、加工，还有创新，但是重点还是针对既有的知识，而研究是从 19 世纪开始成为大学的重点任务。我们现在常说的研究型大学是从哪个国家开始的呢？从 19 世纪的德国开始的。现代大学如果不具备研究性，那么就只是一个传统的传授既有知识的学术机构。

第二点是学术自由。学术自由包括教师研究的自由、教学的自由、学生学习的自由等。

当然现代大学还有很多特征，如为社会服务、民主管理等，但今天我就以这两个简单的特征开始谈现代大学，我认为这两点也是现代大学绝对不能少的特征。

二、衰落中的德国大学

德国最早的两所大学是布拉格大学（亦称查理大学）和维也纳大学。当时布拉格和维也纳还是德国的领土。还在今天德国领土内的最早的大学是海德堡大学。从创建时间来看，布拉格大学创建于 1348 年，维也纳大学创建于 1365 年，海德堡大学创建于 1386 年，大约都是在 14 世纪中叶和下半叶。而博洛尼亚大学、巴黎大学、牛津大学是在 11 世纪左右建成的。也就是说，德国的大学历史要比欧洲其他老牌大学的历史短得多。这说明什么？说明德国落后。

当时，德国在欧洲还是一个落后的国家，它的落后表现在经济、政治等方面，也表现在文化上。建立大学是社会综合发展的标志，必须有一定的财力、文化水准、知识储备等，还要有一定的地方吸引力。在中世纪，读书是自由式的、国际化的。要办大学，首先要有教授愿意去教，也要有学生愿意来学。所以，德国相对意大利、法国、英国，是比较落后的。大学产生得比较晚，就是德国落后的一个标志。14 世纪下半叶实际上就是欧洲中世纪的末期，我们知道 10 世纪、11 世纪、12 世纪是中世纪的顶峰时期，无论是文化、教育、艺术都处于发展的顶峰，随后开始走下坡路。所以，德国的大学应该是生不逢时。

我们可以看一下德国的大学没落的背景。

"文艺复兴"在欧洲影响很大，当然"文艺复兴"对德国的影响相对较小，德国人不太谈"文艺复兴"，"文艺复兴"是达·芬奇、拉斐尔这些意大利人的事。意大利人有钱，所以可以画这些画，可以做那些雕塑。那么德国人穷一点，就可以读书，所以他们提"人文主义"。"人文主义"实际上和"文艺复兴"是一脉相承的，都是对古典文化的向往和再造，继承了古希腊、古罗马的文化传统。那么"人文主义"运动在一定程度上促进了当时新建立的大学的发展，但这种促进作用也是有限的。因为"人文主义"运动是贵族群体的运动，在宫廷产生的影响较大。贵族们写点诗、读点古文，风花雪月。"人文主义"运动和大学的关系就是在一定程度上把古典文化，特别是古典语言、文学、艺术带进了大学，大学设立了相关的科目，这算是它对大学的正面影响。

起源于德国的宗教改革运动给德国的大学发展带来了很深的负面影响。当时，基督教在欧洲"一统天下"。1517年，马丁·路德提出《九十五条论纲》揭开宗教改革运动的序幕。宗教改革运动意味着整个欧洲的基督教一分为二，一部分到了天主教，另一部分到了新教。宗教之间互相的斗争非常残酷，他们互相残杀，互相以消灭对方为己任，严格地排斥异端、异己的学术。大学是意识形态、知识的前沿阵地，所以宗教纷争在大学表现尤为突出。在宗教互相斗争期间，大学无法进行正常的教学，整天就是斗争、清理思想、接受新思想。宗教改革运动对德国的大学最大的破坏是，宗教改革运动导致社会底层动荡、社会不安定，普通民众特别是上学的年轻人更愿意出国学习，如果这个地方不安全，那么其他地方的人也不愿意来，所以很多大学招不到学生，这给大学的发展带来了非常大的负面影响。尽管当时两个宗教都宣称要支持大学发展，因为大学是他们的意识形态得以确立的一个重要的桥头堡，但是他们的支持远远比不过他们带来的破坏。宗教改革运动后来又引发了德国农民战争，这个战争规模很大，整个社会非常动荡，德国的文化教育事业受到很大的负面影响。

　　后来，德国又出现了三十年战争，这也是欧洲历史上非常著名的战争，打了三十年，死伤人员无数，城市也遭到极大破坏，大学无疑也遭到了重创。经过宗教改革运动、三十年战争之后，现代国家在欧洲开始形成了。现在的法国、英国、德国也是在17世纪、18世纪逐渐形成的。这些国家在史学上被称为专制主义国家，它们是国家利益至上，一切权力都在国家统治者手中。在中世纪，国家机器开始庞大起来，国家机器的建立需要各种受过训练的人才。所以这些专制主义国家的兴起，从另外一方面促进了大学的发展，它会支持大学，也会控制大学。

三、启蒙运动与德国大学革新

18世纪的启蒙运动是以理性为标志的思想解放运动。启蒙运动促进了大学的发展。但启蒙运动对大学的促进有一个导向问题，这个导向是对传统大学的否定，对新兴知识特别是技术知识的支持。所以，技术知识产生了，并逐步得到重视，开始进入高等教育层次，当时建立了桥梁学院、道路学院、矿业学院等，这也是工业革命的必备条件。

在启蒙运动和技术知识产生的同时，现代科学也产生了。现代科学以实验为手段，包括化学、物理等。现代科学产生于17世纪的英国。需要注意的是，现代科学的产生和大学没有关系，全部是在大学之外发生的。这也说明，当时的大学比较封闭，不关注新知识的产生。所以，当时从事现代科学知识探索工作的人，就成立了自己的机构，即科学院。科学院是一个交流的场所，而不是一个进行研究的场所。但是它对于促进近代科学的发展发挥了很大的作用。这些都跟大学没有关系，为什么我还要提呢？我想说明，很多新的事物出现了，大学都不关注。这个时候的大学在忙什么呢？忙着钻研宗教的教条、哲学的讨论等，对于技术知识也好，科学知识也罢，大学都视而不见。

当然，启蒙运动也激发了一些大学开始改革。不仅是德国，整个欧洲在中世纪结束以后，大学都处于衰落期，这个衰落期持续了两个世纪之久。在大学衰落的过程中，有一些有识之士开始运用启蒙运动的思想来办新大学，做一些革新。这种革新首先是为了服从于当时新的中央集权的国家，服从国家的目标。因为启蒙运动强调为社会、为民众造福，所以要修道路、修桥梁等，改善人们的生活，这样也就需要很多专门的应用型人才，这也是启蒙运动革新大学的一个方向。传统的大学是中世纪的残留物，与现代社会格格不入，将传统大学扔入历史的"垃圾箱"，也是当时大学改革的大趋势。

还有另外一些传统的大学或新建的大学，它们也秉承了启蒙运动的思想，但是它们不是想培养专门的应用型人才，而是想培养传统的学术型人才，这类大学也做了一些新的尝试。这方面整个欧洲都称得上"样板"，德国有两所大学：哈勒大学和哥廷根大学。它们都重视自然科学，把自然科学纳入教学内容中，教学内容还包括经济学、政治学，就是将大学教育和现实社会相联系，而不是钻研宗教的教条、哲学的教条等。这些属于开明的大学改革者，开明之处在于面向新的社会的同时，注重理性，开始倡导一个新的原则，这个原则也在 19 世纪成为主导原则，即学术自由。现在，我们见到的最早的关于学术自由的表述，是在哥廷根大学的哲学院的章程中。其原话是：

所有教授，只要不涉及损害宗教、国家及道德的学说，都应该享有教学和思想自由这种责任攸关的权利；关于课程中使用的教材及讨论的各家学说，应该由他们自己选择决定。

那么，这个原则的提出是具有革命性的，这是区别传统大学和现代大学非常核心的一点。

四、德国大学的危机

尽管有新的大学尝试改革，但毕竟是凤毛麟角。这些学校虽然赢得了一定的声誉，吸引了一些学生，做了一些新的贡献，但从总体上来看，德国的大学还是处于没落之中，自从中世纪以后一直处于没落之中。18 世纪末 19 世纪初，因为规模太小，没有学生，没有社会地位，没有经费，德国有一半的大学都停办了。由此可以窥探到德国大学的没落状态，当时德国大学的危机可见一斑。特别是当年正是拿破仑驰骋欧洲的时候，1806 年，拿破仑一举打败普鲁士①这个军事强国，而且把它的首都柏林占领了。1807 年，普鲁士与法国签订不平等的条约，普鲁士的领土被割走一半。咱们不谈军事、政治、经济，领土被割走了，领土上的大学自然也就被割走了。当时普鲁士的第一块牌子哈勒大学也没了。这对德国的大学发展来说，是致命的打击。本来，大学已经走到了穷途末路，再加上特殊的历史背景，德国的大学发展面临着非常严重的危机。

五、德国大学的转机

危机走到头，转机就来了。1807 年 8 月，哈勒大学的校长带了一些教授来见普鲁士国王。当时普鲁士的首都柏林已经被法国人占领，他跑到了一个边城的小地方。后来，这位校长见了国王，他说：我们要在柏林重新建一所大学。国王首肯，说：好，国家应该以精神的力量来弥补物质上的损失。精神的力量就是大学。大家想一想，战败之后，拿破仑要求所有的封建国家按照法国资产阶级的标准进行改革，建立现代国家的商业制度、政治制度、军事制度、社会制度等。当时，普鲁士正在进行全面性的社会改革，而且处于战败方，从各方面来看，这都不是一个适宜建大学的时间点。

但是，国王还是下达了指令要在柏林建大学，并把这个任务交给了大臣拜默。这位大臣开始接到任务时，并不知道怎么做。他给一些知识分子包括很多著名的学者写信让他们来谈一谈应该建一所什么样的大学，如神

---

① 普鲁士王国曾是德意志中最强大的邦国之一；1947 年 2 月 25 日，联合国管理委员会颁布第 47 条法令，宣布普鲁士自由邦停止存在。

学家施莱尔马赫、哲学家费希特，还有很多律师、中学老师等。最后收到的意见非常多，有的人一份意见书就是一本书，如施莱尔马赫、费希特等人的意见。这些意见的核心是：不能走法国人的道路。这是共识。法国人的道路就是启蒙运动倡导的建立面向实际需要来培养专家的专业性高等学校，并解散大学，拿破仑就把巴黎大学给解散了。而这位拜默虽然很尊重学者的意见，但是他的行政能力好像并没有那么强，迟迟没有把大学建起来。当然这也不是一件简单的事情，从经费，到地方，到招生，各个方面都很困难，而且时间点又不是那么好。所以建大学这件事一直没有进展，甚至一度有搁浅之嫌。

（一）柏林大学的建立

1808 年 10 月，威廉·冯·洪堡[①]出现了，洪堡被任命为新成立的内政部文化教育司司长，他用了不到一年的时间，拿出了建校的方案。1809年，洪堡开始着手建立大学，这个新建的大学就在现在柏林的菩提树大街，这条街是柏林最气派的大街，新建的大学就是柏林大学[②]。建大学的楼是当时王子的宫殿，国王把这个宫殿贡献出来办大学。当时柏林大学建成的时候，洪堡已经辞职了，他在任时间不长，但是他做了一件永垂不朽的事，就是建立了柏林大学。

---

① 威廉·冯·洪堡以建立柏林大学而著名，他的弟弟亚历山大·冯·洪堡也对德国的自然科学发展贡献非常大，从事地理、地质、植物相关研究的研究者对他不会感到陌生。现在柏林大学内也有他们的雕像。

② 现称柏林洪堡大学。

（二）洪堡的大学理念

洪堡是学法律的，当时很多贵族都学法律，然后从政，但是他很早就放弃了自己的政治前途。1791 年，他在柏林法院实习，按道理就应该正式开始他的政治生涯了。结果实习了一年，他就回家了，1791 年他结婚后，就"宅"在家里，开始研究古典文化。而且这一"宅"就是十年，因为他是贵族，反正也不用担心经济问题，不用挣工资。这十年，他做了很多历史研究、古文化研究、哲学研究、教育研究等，写了很多作品，几乎都没有发表，但是后来我们才看到他写的这些作品非常有价值。所以，现在人们谈到德国的历史学理论时必须提到洪堡，谈到比较语言学的创始人要提到洪堡，谈到国家政治理论要提到洪堡，谈到教育理论要提到洪堡……他在家里写了大量的内容，特别是他对古典文化、古希腊的文化非常沉迷。所以后来他接受了另外一个职务：普鲁士驻罗马教廷的公使。罗马教廷在罗马，而罗马是古罗马文化的荟萃之地。今天去意大利旅游，还可以看到满地都是文化遗迹，当年就更多了。所以，洪堡就接受了这个"闲职"①。他可以一边享受着美好的时光，一边进行他的文化研究。

洪堡实际上没有在大学里教过书，也没有当过校长，也没有担任过什么相关的职务，也就是说他在教育行政部门根本没有经验，是一个新手。突然一下，他就成了内政部文化教育司司长，并成立了柏林大学，就有了名气。这听起来很具有戏剧性。当然，他作为贵族，跟国王关系很好，国王很支持他，他也不是靠行政能力办的大学。他善于吸收别人的思想，就把别人的办学思想、办学理念统筹起来。洪堡把其他人的各种意见集为一体，形成一个统一的思想，这也被人称为洪堡的大学理念。

---

① 公使这一职务，专为贵族设立，没有实际的工作任务。

洪堡的大学理念实际上是一群人的思想，大概有如下几点。

第一，大学是培养全面发展、培养高尚的人，而不是进行职业培训的场所。这就区别于当时启蒙运动中高等教育的理念。什么叫全面发展？就是人的潜能得到充分发展。我们提"德、智、体、美、劳"，我估计和他们的这个理念也是差不多的，就是让人自由地发展，每个人的潜能都发展出来，他们认为这是大学的根本目标。

第二，大学的任务是做研究，在大学里面研究工作的对象是科学。他们提的科学，不是"science"，而是德文"wissenschaft"，是更宽泛的概念，包括整个知识界、整个学术界。这里洪堡有一个很重要的贡献，他把学术定义为：学术就是探索，而探索是没有止境的。也就是说，传统的大学都是传授知识，而传授的知识都是永恒的、绝对的真理，所以大学的任务也好，教授的任务也好，都不是对知识进行探索，而是对知识传授的方式、对知识解释的方式进行探索。通俗来讲，就像我们过去一样，孔子说一就是一、说二就是二，我们不能够发展孔子、超越孔子，我们只能解释孔子。但是按照洪堡的观点，孔子之后不画句号，而是逗号，我们要接着往前探索。所以这一点非常重要，从此大学有了科研的职责和职能，"发展新知识"就是从这里开始的。大学不是只将既有的知识传授给下一代，而是要探索新的知识。

第三，大学的科学活动是自由的精神性活动。教师和学生都应该享有相应的自由，没有自由，就不可能自由地探索。

第四，大学不能受外界的干扰。什么叫外界的干扰？国家经济建设、国家发展、军事发展都不要牵扯到大学，大学是进行纯粹的知识活动的场所。大学是寂寞的，要远离周围的干扰，"象牙塔"就是从这里来的。洪堡作为内政部文化教育司司长时说过：国家有义务支持一些精神性和自由的活动，但是不能介入。国家一旦介入，这项活动就变味了。那个时候他说这个话，是很难得的。

以上四点就是洪堡的大学理念，这个大学理念我不知道大家看了以后是什么感觉，我觉得很美好，当然也不是没有问题。接下来，问题就来了，洪堡他们提出了这种大学理念，在19世纪初建立的柏林大学中能将这种理念付诸实践吗？在当时国家改革、经济发展、商业发展马上进入工业化时代前期的历史背景下，这种大学理念是非常理想化的。所以，关于这一点，研究者们也持两种观点：第一种观点是，洪堡这群人说得很漂亮，其实是纸上谈兵，实际做的跟这些毫无关系；第二种观点是这些理念是有用，最重要的是如何看待它。我认同后者。

（三）19世纪德国大学的成就

德国大学在19世纪发生了什么变化，有德国教授在1900年就说：

在宗教领域以及艺术的许多领域，其他民族也许胜过我们（这里就指像意大利、法国艺术都很厉害，宗教领域也是意大利的强项，其他民族都比我们强，我们甘拜下风），而德国精神在本世纪（也就是整个19世纪）的科学领域却凯歌高奏，胜过其他任何国家。科学是我们的荣誉，而科学的场所便是德国的大学。

这语气是非常自豪的。这种类似的话在19世纪末比比皆是。那么这是他们夸张了吗？我列举几个数据：大概在这一个世纪的时间里，40%的医学发明来自德国，剩下的60%来自法国、英国、意大利、丹麦等欧洲国家；在生理学方面的论文有65%来自德国；在物理学方面，德国的发明超过英国、法国两国的总和。诺贝尔奖是从1901年开始授予的，到1925年，诺贝尔物理学奖的获得者一共有31人，其中10个是德国人，这个占比太高了，占了将近1/3；诺贝尔化学奖的获得者一共有22人，德国人的比例更高，差不多占了一半。这些数据说明什么呢？说明在19世纪，德国作为世界学术中心的地位是有目共睹的。而在洪堡改革德国的大学的时候，德国的大学到了濒临死亡的境地，和欧洲其他国家相比，非常落后。经过一个世纪的发展，德国的大学成为超一流的大学，德国的成就也是超一流的成就，这个现象如何解释？这些与洪堡的大学理念有没有关系？柏林大学明显是德国大学发展的"领头羊"，我认为德国当时的成就和洪堡的大学理念确实是有关系的。

六、德国大学的理念与制度

一种理念不管如何之好，要变成现实或者要能够指导人们的行为的话，必须要跟现有的制度结合。如我们说遵纪守法，如果没有制度约束，那么很多人可能不会遵纪守法。所以理念跟制度需要配合，从配合程度上我们可以看到这些理念发挥了什么作用。德国大学通过怎样的制度引导、支配人们的行为，使得他们按照这些理念的价值倡导进行活动呢？

（一）研究至上

洪堡的大学理念中非常重要的一点就是研究至上，把学术定义为探索，大学的核心任务就是进行科学探索，简单地说就是研究。研究是大学的第一要务。所以，研究在德国的大学中被赋予了很高的地位，大学不是一个传授知识的机构，而是一个研究、探索新知识的场所，在探索的过程中培养下一代。也就是说，学生是跟着教授们一起进行研究，并从中接受训练，得到培养。这样的话就是把传统的大学及大学教师的职业角色进行了改写，大学教师首先是研究者，然后才是教师。这种研究至上的理念是如何通过制度保障的，具体体现如下。

1.哲学院地位提升

传统的中世纪大学分神学院、法学院、医学院和文学院四个学院，文学院后来改成了哲学院。其中，神学院、法学院、医学院被称为高级学院，就是它们的知识地位高，当然实际地位也高。学生必须接受了文学院的教育之后，才有资格进入高级学院，所以文学院相当于预科，地位很低。从柏林大学开始，哲学院的地位就提升了。怎么提升的呢？这要细说的话很复杂，简单来说就是：首先，入学门槛提高了。洪堡在建柏林大学的同时，建立了九年制的文科中学，这所学校的教育水平很高。这就意味着学生必须具备一个比较好的基础教育水平才能进入到大学。其次，哲学院是给文科中学培养教师的学院，通过这样的组织关系，哲学院的地位也提高了。最后，除了法律、神学、医学的知识以外，其他知识都要在哲学院里学习，今天的人文、社会科学、自然科学都在哲学院。现在有一种学位叫 PhD，它就是哲学博士。哲学博士的拥有人并不一定是哲学专业的，就是从这儿来的。总而言之，哲学院地位的提升实际上就是研究活动的地位的提高。因为，相比之下，神学院、法学院、医学院更侧重职业性，这些学院主要培养牧师、律师、医生等。

2.宣誓制度

宣誓制度从中世纪就有了，比如，取得博士学位、进入大学，都要宣誓。例如，哥廷根大学哲学院的誓言：

我将勇敢地去捍卫真正的科学，开拓其疆域，为之增添荣耀；既不为厚禄所驱，亦不为虚名所诱，只求上帝般真理的光辉普照大地，发扬光大。

这和培养人才没关系，和教学也没有关系，但和研究有关系。你进了大学，你就是个研究者，你的职责就是开拓知识的疆域。你没有这个决心，没有这个信念，就不要来了。不能说100%的人都会把这个誓言当真，真的按照这个誓言执行，但是这个誓言是一种价值观念的体现，明显有制度性的成分。他们认为，大学教授首先是研究者，教学能力、语言能力一般都不重要，好的研究者必然是一个好的教师，相反是不成立的。下面，我引用英国历史学家约翰·西奥多·梅尔茨对德国的大学的评价，他说：

在现代，没有一个国家像德国那样拥有那么多的思想学校和学术学校，也没有一个国家能开创并进行了这么多巨大的事业，而他们需要大量训练有素人员的合作和集体努力。总之，大学制度不仅教授知识，而且首先教授研究，这就是它的骄傲，也是它声誉的基础。

3. 聘任教授标准的变化

聘任教授标准的变化非常关键，因为要所有教师都进行研究活动必须有制度保障，聘任教授标准的变化就是制度保障的一种方式。聘任教授的时候，要看他实实在在的学术能力、学术声誉。今天我们认为这个标准是很正常的，但从中世纪开始，一直到19世纪初柏林大学建立，有一个不成文的聘任教授的规定，就是"肥水不流外人田"。还有一些家族控制了大学的职位，开始我看到德国大学那些有名的教授时，发现一个很奇怪的现象，经常就能看到父亲是某大学的教授，儿子也是这里的教授，都是很知名的。后来就明白了，这里有个概念叫"家族大学"。所以之前聘任教授时，首要选取的标准不是学术能力，而是地域出身、家族背景。有一个很有意思的研究，统计德国17、18世纪的大学，发现每两个大学教授中就有一个教授在本大学有亲戚。柏林大学开始打破这种传统，以学术能力为聘任标准，而且衡量学术能力的标准不是本校、本区域的，而是全国的，甚至全世界的标准。这种聘任标准从柏林大学开始实施，后来其他大学才一步一步跟着实施，一直到 19 世纪中期彻底改变了传统的聘任教授的方式。

（二）研究所制度

研究所是 19 世纪德国大学在制度层面的创新，而且它是自发产生的，不是统一部署的。自从有了新的大学理念之后，大学教授逐渐把研究作为自己的工作重点。19 世纪以前，德国大学的所有教授的工作是教课。每天的工作就是上课，或者思考一下这学期教什么课，下学期教什么课。但是自从洪堡他们倡导研究至上之后，很多教授开始做研究了。比如，历史系的教授除了上一两门课，可能还会研究文物。教授不仅自己做研究，他还会招学生一起做研究，如每人负责研究工作的一部分，这种是完全自发的。他们在哪进行研究工作呢？开始的时候，他们就在教授的家里进行研究。德国有个历史学家叫利奥波德·冯·兰克，兰克学派在 19 世纪非常有名，学历史的人都认同他。兰克教授就是在家里组建了研究小组，几十年的时间一直让研究小组在家里做研究工作。他家里很有钱，房子也比较大。很多自然科学的教授也是一样，开始在自己家做些小实验，但做实验对设备的要求比较高，后来有的教授就在学校里找一个房子来做实验。德国的化学家尤斯图斯·冯·李比希，当时在德国的吉森大学建立了第一个化学研究所。他就是在学校找了一间房子，弄了点设备，带着学生去做实验。这是校外活动，学校也不会给他们经费。这种研究小组逐渐地从一种教师自发的活动，变成了一种组织化的活动，从研讨班、研究小组变成研究所。研究小组越来越大，就需要经费，原来教授自己出钱，后来就没有那么多钱了，于是他们就开始申请经费，这时候国家就开始给研究经费。由此，在大学整个制度构架中产生了一个最基层的组织架构——研究所。

到 19 世纪末时，在德国几乎每个学科都建立了研究所。这些都是在教师们独立自发进行研究的基础上逐渐形成的。所以，研究所是在研究至上的精神的引导下自发产生出来的一种组织架构。我想如果最开始没有这种信念支配各位教授和学生的活动的话，研究所是不会自发产生的。

我这里引用一个古典语言学研究所的一部分章程（后来的研究所是很正规的，有章程、招生简章及奖学金制度等，因为做研究也是一件复杂的事情）：

为在古典研究方面已具备基础知识的人，提供大量的进行研究的练习机会，以及使用各种文献资料上的方便，使之受到进一步的教育，以在日后能够坚持、继续和开拓这些研究。因此，进入本研究所的，只能是那些把献身语言学作为其志向的学生，而不是献身其他学科，仅把语言学作为一种教育基础的学生。

每一名研究所成员应及时选择语言学中某一对象，作为学术研究的题目，争取作出有出版价值的研究成果。

当时，大学还没有一套成熟的培养制度，教授只是选择一些有潜力、有志向、有兴趣的学生到研究所来进行研究活动。教师做研究，同时带着学生做研究，这也是现代博士培养的开始。所以，研究所的意义非常重大。

（三）编外讲师

从中世纪开始，只要获得了博士学位，就有资格做大学教师。博士学位是大学教师的入场券，几个世纪以来都是这么施行的。但是柏林大学提高了大学教师的门槛，从 1816 年开始设立了教授资格制度。这个制度要求博士在毕业之后必须再做一项研究，时长通常是 2～3 年，且必须有高水平的研究成果出版。同时，这个研究的题目和博士论文的题目不能重复，且必须是新的领域。所以，有人说德国再懒的教授，一辈子也得写两本书，这是看家本领，没这两本书是当不了教授的，而且这两本书的研究领域还需要不同。这就是要确保教授的研究领域不能太专。用今天的话来理解，这种制度类似于博士后。获得了教授资格，不代表就是大学教授了。这时候干什么呢？待业，这里的待业还不是说自己拿着简历去学校应聘，当时德国的大学教授职位不是自己申请，而是等待大学来聘用自己，所以是真正待业。而且，获得了教授资格的人不能在自己学习的这所大学当教授。例如，一个人在北大物理学院拿了教授资格以后，就不能在北大当教授，就算北大有职位空缺了也不能聘用他，他只能等其他学校聘任。当然，在待业的过程中，他们也不是闲着的，可以以编外讲师的身份在本学校做一些工作：上课，有义务一学期最少上一门课，但没有正式职位、没有工资（有一定的讲课费，由选择上该课的学生支付）。大家想一想，读完博士再拿到大学教授资格，这个人也老大不小了，也该成家立业了，但这个时候他还没有正式的工资收入。如果待业一年还好，坚持一下也就过去了，但是这个职位空缺出来不是那么容易的，假如一个大学的物理学专业就需要一个教授，只要这个教授没有出意外或者退休，这个职位就永远是他的，增加编制是非常困难的。所以当时大学的教授职位非常少，一所大学可能总共就二十几个。

　　一般来说，最开始聘用年轻学者的往往是不知名的大学。但在 19 世纪，不知名的大学的教授职位也很有限。获得了教授资格但没有聘任上教授的人会面临非常大的生活压力，他们没工资，只能按上课的人数收一些费用。但年轻的学者要吸引学生来听自己的课也不是一件容易的事，学生们当然更愿意选择大牌学者的课。所以，年轻的学者必须研究新的领域，这些新领域是大牌学者也不了解的，或者他们还没有做的。开辟了新的领域，发掘了新的题目，这样就能吸引更多的学生来听课，也可以提高自己的知名度，获得学校的聘任。年轻的学者需要被人知道，这种制度就逼着这些年轻的编外讲师必须开拓新的知识领域，从事有价值的课题研究，这样做一方面能够增加收入，另一方面能够提升自己的地位，获得一个职位。这项制度好的地方，就是让大学教师将从事研究作为天职，如果不做或做不好，就出局了。

别的国家也注意到了德国大学出现的这两个特殊的制度。在1832年（也就是柏林大学才建立二十多年），法国人发现德国的教育有一个飞跃式的发展，法国教育家维克多·库森就带了一个考察团来到柏林大学考察，考察后，库森撰写了《关于普鲁士等德意志数邦公共教育状况报告》，其中写道：

德国大学的一个主要的驱动力就是编外讲师。他们是一支不断创新，甚至过分追求创新的力量。

20世纪初，美国教育家亚伯拉罕·弗莱克斯纳在《美国、英国和德国的大学》中写道：

编外讲师制度代表着最彻底、最纯粹的学者类型，他们的职业选择包含着一种理想主义的生活态度，一种对知识和学理的执着。这是储备学科人才极好的制度，是大学真正的心脏所在。

当然教授资格制度和编外讲师制度也有不足之处，如过于残酷。编外讲师等待学校聘用自己是一个非常煎熬的过程，等三四年还好，有的要等七八年，甚至更久。而且从现在民主的角度来看，这个制度也是不合理的，要求教师做科研、创新，还需要上课，且劳务报酬非常微薄，教师也没有任何其他的话语权。德国著名的现象学大师、哲学家埃德蒙德·胡塞尔做了十一年编外讲师。想一想，十一年，谁能熬得住？熬得住的只能靠理想，胡塞尔说自己就是理想主义者。当然，就算是理想主义者，也得解决现实问题。有人做过统计，编外讲师的结婚年龄比其他行业的人晚了好几年，平均晚 4～5 年，他们也没办法，没钱、没职位，怎么结婚呢？也有大量没有坚持下来的编外讲师，迫于生活压力，最后只能找其他的工作。这是非常难的，真正成为教授的人实际上是非常令人赞赏的，他们具有理想主义的献身精神，也开拓了新的知识领域。

著名的哲学家阿图尔·叔本华的父亲是富商，希望叔本华可以继承家产，但叔本华从小就爱读书、爱哲学，他就跟他的父亲说他不继承家业，他的父亲肯定是不同意的。但他的父亲很早就去世了。他的母亲对他说：你自己想好了，要么继承家业，吃穿不愁；要么走学术道路，但是未来是不确定的，可能生活无着落。他自己还是选择了学术之路。后来，他的一生很不如意。他在柏林大学做编外讲师的时候，心高气傲，要与成名已久的黑格尔一决高下，故意将自己上课的时间和当时已经成为哲学权威的黑格尔安排在同一时间。最后听他上课的人寥寥无几，而黑格尔的课堂学生都满了。

叔本华对德国的学术贡献是有目共睹的，但他的一生可以说很不幸，我们也可以从中看到这个制度的一些不足。到 19 世纪末 20 世纪初，很多编外讲师也联合起来抗议这种制度。有很多的学校就开始设置编外教授，其实也没有太多金钱的补贴，但是对外可以称自己是教授，地位有了一些提升，但和真正的教授还是无法相比。

（四）学术自由

学术自由是现代大学必备的特点。德国大学在 19 世纪重大的创新就是把学术自由从理念变成了现实，真正能够让这些学者感受到学术自由。

学术自由分为两个部分：

一部分是教学的自由，也就是教师教学的自由，一门课怎么教、用什么教材等都是由教授决定的。

在20世纪初的时候，哥廷根大学有一位非常著名的教授赫尔曼·闵可夫斯基。他在讲拓扑学的课程时，讲到了四色定理。四色定理早就有人提出来用于画地图，任何一张地图只用四种颜色就能使具有共同边界的国家着上不同的颜色。但这个定理一直没有人从数学上论证。有一天闵可夫斯基给学生上课，他突然就有了想法，他就跟学生说："迄今为止，之所以这个四色定理没有被证明出来，那是因为没有一流的数学家来证明它，我现在给你们证明一下。"于是，他就在黑板上开始写，直到下课了，也没有写出个所以然。他就说："下节课接着证明。"下次又上课了，他也不说话，就在黑板上开始证明。还没证完，下节课还要继续。据说，这样持续了差不多一个月，每次上课他也不说话，就在黑板上证明这个定理。有一天正上着课，外面电闪雷鸣，他说："同学们，我想错了，我证明不出来了。"

这件事可能有点夸张，但是我们可以看到德国大学当时的教学自由，要是现在的教授出现这种情况可能早就被开除了，这让人感觉很不负责任。但是当时德国的大学教授的自由度很大，他通过研究来传授知识，不是靠教科书和系统的讲解。但很多学生通过这样的方式反倒学到了很多。

另一部分是学生学习的自由。当时大学的所有课程，学生都可以随便选，没有必修课和选修课之分，只要是感兴趣的课程，学生就可以选择去听，也没有考试。这对于真正对一个问题感兴趣的学生来说，是一个非常好的条件。对于学生的自由来说，除了选课的自由，另外就是思想自由，没有任何约束，你可以想、可以做、可以学。

所以，学术自由成了柏林大学的一块金字招牌。在 19 世纪，大量美国人到德国留学，其中到德国留学的美国心理学家、教育家斯坦利·霍尔说过：

德国大学是当今地球上最自由的地方。所有曾经支配人类生活的旧的信仰法则和形式，都在此受到质疑，每一种想法都能得到尝试，以便得到一种新的、更深入的、更坚实的基础。在这种思想的激荡中，累累的果实是完全自由的最好回报。

我觉得这个挺有意思的，美国是比较早的西方倡导社会自由、公民自由的国家，而美国人又来羡慕德国的大学自由。

北大曾经的校长蔡元培先生也说过：

德意志帝政时代，是世界著名的开明专制的国，他的大学何等自由！

什么叫开明专制的国呢？德国是专制主义国家，不是自由民主国家。如果读过马克思的著作，知道马克思当年因抨击普鲁士政府，而被政府驱逐，那么就能够了解德国根本不是一个自由的国家，但是它的大学非常自由。所以大学自由、学术自治、学术自由这些概念成为德国大学的标志，这些理念出口到其他国家，如美国、英国、法国，虽然它们的资产阶级革命比德国早得多，但是它们的大学依然没有这种自由。只有德国的大学享有一种最纯粹的自由。那么这种自由从哪里来的呢？我们不得不说，这是在洪堡的大学理念下产生的制度，完全是在不自由的社会的孤岛中间创造了一块给学者的自由的天地。

洪堡的大学理念不是一句空话，不是像有些人所认为的，洪堡的大学理念都是神话传说。实际上，这些理念确实通过各种制度落实到了大学的各种活动中，并使得德国的大学在 19 世纪获得了飞跃性的发展。

有人可能会说，德国的大学制度这么好，为什么到了 20 世纪德国的大学就走向没落了？这里我展开说一下。

最重大的问题是阿道夫·希特勒，纳粹对德国的大学的破坏是毁灭性的。纳粹出于狭隘的种族主义，把所有非雅利安人，特别是犹太人，统统排除在国家之外，当然也排除在大学之外。而德国有大量的学者是犹太人，如爱因斯坦等。像爱因斯坦这种天才，在大学都留不下来。所以，德国学术界一大批非常知名的学者和未来知名的学者被迫离开了德国，到英国，到美国，特别是到美国的非常多，德国的学术队伍从此一蹶不振。也因此，美国的学术兴起，美国学术中心地位的获取就是在第二次世界大战之后。在第一次世界大战之后，欧洲的学术地位受了一些影响，但是美国还远远达不到领先地位。第二次世界大战后，德国又分成了东德和西德，德国也完全失去了在19世纪的学术地位，积累了一个世纪的人才，也永远无法恢复了。所以，希特勒确实给德国学术界带来了毁灭性的打击，而美国也从希特勒那里得了一个"大便宜"。当然这都是后话了，我们主要关注的是19世纪这一段时间德国大学的发展。

现在，我们也在建设世界一流大学，我们也知道了理念的重要性。理念确实是很重要的，因为人们做事情总是要有一种理念的支配，特别是在学术领域。在大学中，这个行业跟其他行业不一样，人们做事情需要思想，需要价值观念，需要精神。在企业或政府部门工作，不一定非得有一个精神支撑，把工作做完就可以了，做完了我下班回家看电视也好，踢足球也好，这都没关系。但是大学教授做学术工作，不是那么简单，这看似很自由，但是要获得成果，需要投入非常多的时间和精力。所以在19世纪德国的大学教授身上，我们看到了一种精神，有人认为这是一种类似宗教的精神，把学术看作生命，是一种真正的献身精神。这种精神实际上就是洪堡的大学理念的一种体现。但是光有理念还不够，它要和制度匹配。这些制度可以自发产生，也可以人为地构建，这也是我们今天应该去做的事情，否则建设世界一流大学永远停留在精神层面，停留在口号、纸面、文件上面。总而言之，光在口头上说要"建设世界一流大学"是不够的，而是要有一些制度的依托，理念才能真正变成指导每个人行为的准则。

2012 年 5 月 4 日

（根据讲座录音整理，已经本人审阅）

第三讲
心理理解的发展：研究与应用

苏彦捷

作者简介

苏彦捷，北京大学心理与认知科学学院教授、博士生导师，教育部"长江学者"特聘教授，享受国务院政府特殊津贴专家。现任教育部高等学校心理类专业教学指导委员会秘书长，中国心理学会理事长，北京心理学会理事长，中国教育发展战略学会心理教育专业委员会理事长等；曾任北京大学元培学院副院长。曾获北京市优秀青年教师、北京市高等学校教学名师和宝钢教育基金会优秀教师等称号，并获得多项北京市和北京大学教学成果奖。主要研究领域为心理能力的发生发展、心理理论、共情的毕生发展、亲社会行为、执行功能，灵长类社会行为、动物认知等。在国内外核心期刊发表论文300余篇，并主编《进化心理学家如是说》《发展心理学》等多本学术著作和教材。曾连续五年入选爱思唯尔心理学领域"中国高被引学者"。

内容介绍

　　"心理理解"是个体对自己和他人心理状态的理解，并据此解释和预测行为的一种社会认知能力。这一能力对于我们的社会生活至关重要，而且毕生都在发展变化之中。个体可以通过面部表情、身体姿势和语言表达等线索理解他人的心理状态。"心理理解能力"的获得和发展既有文化普遍性，又表现出文化特异性。苏彦捷教授在讲座中介绍了亲子谈话和个体记忆分享的中西文化差异，阐述了个体"心理理解能力"获得和发展的影响因素，同时探讨了这一能力在社会人际互动中的作用和对家庭教养、学校教育以及个体发展的启示和应用。

视 频 节 选

大家晚上好，今天我要讲的是《心理理解的发展：研究与应用》，我不了解大家知不知道这个题目是什么意思。我用了"心理理解"这个词，没有用学术术语，学术术语应该为"心理理论"，我觉得那就更不好理解了。其实我们讲的"心理理解"就是"心理理解能力"，可能加上"能力"二字，大家能更好地明白题目的意思。"心理理解能力"通俗来讲其实就是"读心能力（Mind Reading）"，但因为心理学本身在社会上就很容易被人误解，所以我还是不愿意用"读心能力"这个词，因为这很容易让人认为这个讲座是讲"心灵鸡汤"一类的内容。我觉得这还是算一个学术报告，所以，我用了一个偏中间地带的术语"心理理解"，它的英文为"Mind Understanding"，也就是"心理理解能力"。那么"心理理解能力"目前的发展状况如何？这里有我们自己的一些基础的研究。它的规律是什么？它如何应用到人们的社会交往中？因为人不是孤立存在的，而是存在于社会环境中的，所以"心理理解能力"应该是普遍地应用于人们日常生活中的一种能力。下面我想给大家介绍关于"心理理解能力"的一些研究、在实践中的一些应用以及我们的一些理解。

你知道我在想什么吗？这个问题是学心理学的人经常会被问到的问题，怎么回答这个问题呢？以前我可能会说："我不是算命的，我不知道你在想什么。"但我做了很多年的关于"心理理解能力"的研究后，我现在更愿意说："我知道你在想什么。"有这样一句话，每一个人都是半个心理学家。每个人都会有自己的人际交往经验，如果遇到一件事情时我会这么想，那么我想你可能也会和我想的差不多。所以知道别人在想什么，我觉得这不是一件很难的事。

比如，一个小朋友特别想吃零食，他会知道怎么说才能达成他的目的。如果在家里妈妈是很"厉害"的，做什么事情需要得到妈妈的允许，他可能就会跟爸爸说："爸爸，我可以吃那个吗？妈妈说可以的。"你知道这个小朋友在想什么吗？一定知道，因为在生活中大家可能也经常这么做。我前一阵遇到一件事，我在元培学院管教学，一位学生在中期的时候，找我要退课。在学校里，本科生要是退课退到 14 学分以下，还需要学院和教务部批准。所以，我说："你要退课退到 14 学分以下可能不太行。我不太同意你退这个课。"因为他没有什么特别的理由，就说这太难了，可能有点学不下去了。我就跟他说："我觉得你还可以再努力一下。"我就没有同意他退课。过了两天，我在办公室碰到我们的教务老师，教务老师说："苏老师，有一个同学来申请退课，叫某某，我给他批了。"我说："不对，当时我没批啊。"他说："真的吗？他跟我说找过你了。"那位学生跟教务老师说，我找过苏老师了。教务老师认为，他找过我，我同意了。也就是这位同学造成了教务老师"以为苏老师同意了"，教务老师的这个"以为"在心理学上就称错误信念。

"心理理解能力"是一种特别普遍的能力，但是在生活中大家不一定清楚它到底是一种什么样的能力，它的渊源是什么，在学术界我们怎么研究它。今天我就想告诉大家这是一种什么样的能力。这种能力很神奇。因为小孩慢慢地也知道别人是怎么想的，并且随着人的年龄增大，这种能力会越来越成熟、复杂。那么，这种能力是什么时候通过怎样的过程发展起来的？我们怎么才能知道自己的这种能力发展到什么水平了？有没有人无法获得这种能力？我们拥有了这种能力，就会使用它吗？等等。

一、"心理理解能力"的概念渊源

"心理理解能力"的概念源于人对黑猩猩的研究。人类特别愿意和其他动物建立双向交流，因为人和人之间可以用语言交流，那我们怎么知道动物是什么样的情况？我们最好能够懂点"鸟语兽言"，当时跟人类最近的就是黑猩猩，一些科学家就想研究人能不能跟它们建立这种双向的交流。对黑猩猩的研究在心理学界从 20 世纪初就开始了，有两大阵营做相关的研究，都是来自比较富裕的地方：一个是北美，一个是苏俄。因为当时做这种工作主要是为了满足人类的好奇心，很难有直接的经济转化的能力。当然现在像日本做了一些狗的翻译器，可能也有一些经济的转化，但当时的研究初衷更多的还是希望建立人与动物的双向交流。20 世纪初，有研究者最开始训练黑猩猩，是想让它学人的口语，俄罗斯的研究者教它们俄语，北美的研究者就教它们英文，有的研究者甚至将黑猩猩和自己的孩子放在一起培养。后来研究者们发现，训练黑猩猩学人的口语太难了。有一个训练得最好的黑猩猩就学了几个词，做了很长时间的口语训练都无法达到想要的目的。那么口语训练为什么没有成功？一方面，黑猩猩的发声器官和人不一样，好多音它是发不出来的。另一方面，在基因进化的过程中，许多与听力有关的基因是人类所独有的。

到了 20 世纪 50 年代，因为黑猩猩的手势比较多，有研究者开始做黑猩猩学习手势语的研究，美国有研究者就教黑猩猩美国南方的手势语，这时候黑猩猩学得还是比较好的。但是手势语毕竟在人类的语言中不是通用的，所以在这个过程中，就有很多质疑的声音。比如，黑猩猩的手势太模糊了，它"蹭"一下就叫苹果，那它没事老"蹭"你，到底它是不是在说苹果？

到了20世纪70年代，研究者就开始用不同颜色、不同形状的塑料词汇卡片教黑猩猩人造词汇，黑猩猩学了词汇后，它就把词按照一定的顺序在磁性的黑板上排列出来，组成句子。那么，"心理理解能力"的概念就跟这样的一个黑猩猩有关。有一个明星被试叫莎拉，它学了130多个词，研究者可以跟它进行交流了，而且可以问它一些问题，它会通过塑料词汇卡片来回答。"心理理解能力"这个概念就是在让它回答一些问题的过程中提出的。

研究者给莎拉看一些录像情境，并在看完之后，给出两张图片，让它来选择。一共有24个录像情境，莎拉选对了21个。训练莎拉的研究者发表了一篇文章——《黑猩猩有心理理论吗？》（*Does the Chimpanzee Have a Theory of Mind*？）。"黑猩猩有心理理论"的意思是，黑猩猩在这些场景中，它可以理解主人想要做什么。主人想拿挂起来的香蕉，所以一定得站在香蕉底下的箱子上；如果主人想浇地，就得把管子插入水龙头里。所以在这些情境中，它表现出和人一致的理解。为什么用"理论"这个词？就是它像理论一样，它可以解释行为，可以预测行为，有理论的特点。其实这也是一种能力，只不过研究者就用了"理论"这个词。当然"理论"在英文语境中比较简单，大家觉得它就是一种说法；但是在中文语境中，大家可能觉得"理论"这个词不能随便用，是很严肃的。所以，我在这里用的是"心理理解"，它也是"心理理解能力"和"读心能力"。

二、"心理理解能力"的发展

20 世纪 80 年代，研究者开始用一些经典的任务来了解孩子的"心理理解能力"的发展情况，最常用的为"萨莉-安任务"（Sally-Anne Test）。萨莉和安是两位主人翁，我们来看一看"萨莉-安任务"是怎么做的。

实验人员拿出两个人偶，跟孩子介绍它们，一个叫萨莉，另一个叫安。然后实验人员问孩子："如果萨莉将一个球放进了篮子里，然后离开，接着安把篮子里的球转移到了旁边的盒子里。萨莉回来的时候，她应该在哪里找她的球呢？"

实验中，3 岁多的孩子认为萨莉应该在盒子中找球，他们认为萨莉和自己一样已经知道球被转移了。而 4 岁多的孩子知道萨莉只会在篮子里找球。

也就是说，不同年龄段的孩子的"心理理解能力"是不一样的。在 4 岁之前，孩子就会把他看到的当成别人知道的。4 岁以后，很多孩子知道别人拥有对这个世界的错误信念。"萨莉-安任务"也是经典的错误信念任务，主要探究孩子能不能理解自己的心理状态与别人的心理状态是不同的。

类似的任务还有"表观-现实任务"，比如给一个孩子呈现一个表面看起来像石头的物体，但它实际上是一块海绵。实验人员问孩子："这是什么？"这个孩子回答："是石头。"然后让他摸一下，他发现这其实是海绵。然后再问这个孩子："如果一个人没有摸这个东西的时候，他会觉得这是什么？"

还有"三山任务"，就是将三座山的模型放在被试孩子的面前，并在其对面放一个娃娃，拿出不同视角的图片问他："你看到的是哪张图片？娃娃看到的是哪张图片？"

这些任务都是测试孩子是否知道自己的视角与他人是不一样的，看到的东西也是不一样的。其实，孩子在发展的过程当中，能够理解别人拥有错误信念是发展的一个里程碑。

在人的发展过程中，"心理理解能力"会从简单到复杂，这种能力毕生都在发展。比如，小时候，妈妈看一个地方，小孩也会跟着看一个地方，我们将其称为联合注意，还有像目光追随、愿望理解等，这都是发生在孩子4岁之前。随着人的发展，人除了理解一级错误信念（我知道你怎么认为），还可以进一步理解二级错误信念（我知道你知道我知道），到成人阶段其实很复杂了（我相信你推测我想象你想让我相信……）。每一种心理状态都会随着人的成长逐渐复杂化。6岁左右的孩子就可以理解二级错误信念，7岁多的孩子可以理解隐喻、反语，8岁左右就可以实现失言理解。前面我介绍的例子都是你看到一个信息，我看到一个信息，我们是有不同的心理状态的，我们称其为复制性心理理论，就是只要对世界做一个复制，你就可以理解。那什么叫失言？失言就是在生活中有人会说不该说的话，他说的话可能会伤害别人。

【案例1】

我们到朋友家里给朋友过生日，这位朋友家里有一个很漂亮的花瓶，然后你不小心把花瓶打碎了，你就说："真对不起，我把花瓶打碎了。"这个朋友就说："没关系，没关系，我早就不想要了。"但是这个花瓶是你送给他的。

那么，这个案例中有没有人说错话，或者说了不该说的话？这个就叫作失言理解。失言理解就是不同的人听到同一个信息，产生了不同的心理状态。所以，失言理解比复制性心理理论更复杂一些，会带有人的主观经验。

"心理理解能力"可以分成两个方面：一是情感性的心理理解，就是觉察和理解他人情绪的能力，与共情的能力有相似的部分；二是认知性的心理理解，就是推理和表征他人信念和意图的能力，即前面所说的理解错误信念的能力。

在生活中，我们常常希望自己能够知道别人的意图、态度或情绪，以与别人建立良好的社会关系。其实我们确实可以通过各种各样的线索来解读他人的心理状态，如身体姿势、面部表情，尤其是面部表情中的眼神，这类通常被归为情感性的心理理解。眼睛是心灵的窗户，它可以暴露很多东西，人们可以通过眼神来判断一个人的心理状态，我们称其为眼中读心。但是我们做过一些研究，中国人的眼神好像不如整体的面部表情丰富，我们在解读一个表情时，更多地是看眼睛和嘴两个部分的信息。在生活中，有一种表演性的微笑（如照相时的笑），这种笑不是发自内心真正的快乐，真正快乐的表情是有一些特点的：首先是轮匝肌的变化，如果测这个地方的电位，一定是有变化的；其次从外表的形状来看，是有鱼尾纹的。所以长鱼尾纹的人不要难受，这是因为你总是露出真正快乐的微笑。这些也是法国神经病学家杜兴·德·布伦提出的真正的微笑要有的成分，因此，快乐的微笑也称为"杜兴的微笑"。

不论是什么种族，人生下来都有 6～7 种基本表情，并且每种表情都有一些特点。例如：悲伤的时候，一般是眯眼，眉毛收紧，嘴角下拉，下巴抬起或者收紧；愤怒的时候，眉毛下垂，前额紧皱，眼睑和嘴唇紧张；恐惧的时候，嘴巴和眼睛张开，眉毛上扬，鼻孔张大；惊讶的时候，下颚下垂，嘴唇和嘴巴放松，眼睛张大，眼睑和眉毛微抬；厌恶的时候，嗤鼻，上嘴唇上抬，眉毛下垂，眯眼；等等。解读表情可以帮助我们理解他人的情绪状态，对我们的社会交往非常重要。美国心理学家保罗·艾克曼教授对人类的表情做了编码。现在我们经常说的微表情解读，其实就是根据这样的表情编码来判断人们的表情背后内心的情绪状态。

当然还有一个很重要的反映心理状态的线索，就是语言表达，如暗示、隐喻、反语等，前面提到的失言也是语言表达的问题。

【案例2】

丈夫得赶紧去开会，他已经有点儿晚了。丈夫边擦皮鞋边对妻子说："我想穿那件蓝衬衫，但尽是褶儿。"

问题：

丈夫的话是什么意思？

补充信息：

丈夫继续说："蓝衬衫在要熨衣服的篮子里。"

问题：

丈夫想让妻子干什么？

在这个案例中，丈夫想让妻子给自己熨衣服，但没有直接表达，而是用言语来暗示妻子。其实，在生活中，我们会遇到很多这样的场景，特别是中国人，不喜欢直接说，要让对方自己去领悟。

我备课的时候在网上看到这样一句话，我觉得挺有意思：你长得很爱国，很敬业，很有骨气。我不知道大家能不能听得懂这句话隐喻的意思，这句话就是说这个人长得很独特，很少见。所以语言表达其实也会给我们很多的信息。

我觉得指路能够很好地体现成人的"心理理解能力"，如果一个人给别人指路能特别清晰，那他的"心理理解能力"应该不错。我曾经到北京大学深圳研究生院去讲课，有个深圳大学的老师说要来看我。有一天他给我打电话说，我到你楼下了。然后我就去楼下找他，没看见人，我就问："你在哪里呢？"他说："我就在你楼下北京大学的牌子底下。"我看到我这里确实有一块北京大学的牌子，但牌子底下只有我一个人。然后他说，在哪个地方某某楼。原来我们根本不在同一个地方，他在北京大学深圳研究生院的另一个校区，我们所在的两个地方都有一块北京大学的牌子。在生活中，我们经常遇到这样的情况，这都是我们"心理理解能力"的体现。在生活中我们还会遇到一些模糊的情境，如果我们经验不一样，可能对它的理解也会不同。这就告诉我们，换位思考很重要，不要随便问人家凭什么这样认为。

语言表达是人与人交流的重要手段。语言表达不仅可以帮助我们解读别人的心理状态，而且可以帮助我们表达自己的心理状态。比如，我上课的时候来晚了，我可能会说，我以为这个时间是在什么时候。那这个"我以为"后面的信息就是错误信念。我们研究孩子的心理状态时发现，如果我教他学"我以为什么"这种语言表达，那么这个孩子的"心理理解能力"会发展得更好一些。因为这给他提供了一个表达心理状态的框架，而且他也知道别人这样表达时，代表什么样的心理状态。还有很多表达心理状态的词汇：我想象、我认为等。

我们曾经做过一个关于纳西族孩子的研究，发现纳西族孩子和汉族的孩子相比，他们的"心理理解能力"会发展得晚一些。为什么呢？这是因为在他们的语言中，很少有表达心理状态的话语，没有"我们觉得、我认为"这些表达，他们是用"我说"这样的表达，所以这对他们"心理理解能力"的发展有一定的影响。如果我们比较在中国文化背景下长大的孩子和在西方文化背景下长大的孩子的"心理理解能力"的发展，也会发现有差异。中国的家长跟孩子表达心理状态比西方的家长要少，这可能与中国的文化背景有关，后面我会举例。所以，语言表达方式的不同，就可能会使得人的"心理理解能力"的获得和发展的过程不一样。这里就涉及共享交流，共享交流的成分（交流方式、内容等）不一样时，对人的"心理理解能力"的获得和发展的影响程度也不一样。

2001年，有一个研究者将很多研究文献放在一起做了一个元分析，他发现在大多数的西方文化下，孩子4岁左右是一个阶段，过了4岁后，小孩很多事情就都能懂了。他发现中国的孩子"心理理解能力"发展轨迹和美国的孩子是一样的，但是中国的孩子的发展会比美国的孩子滞后1～2年：内地的孩子大概是滞后1年（这与我们实验室做的很多研究的结果是一样的，一般5岁左右的孩子才可以通过错误信念任务），香港的孩子要滞后2年。这位研究者做了一个量表，量表有五个任务，包括不同愿望、不同信念、不同知识状态、错误信念及隐藏情绪五个条目。然后，他用这个量表来测试中国的孩子和美国的孩子的"心理理解能力"发展状况。他发现，中国的孩子和美国的孩子通过测试的顺序不一样。美国的孩子通过测试的顺序是：不同愿望的理解、不同信念的理解、不同知识状态的理解。而中国的孩子通过测试的顺序是：不同愿望的理解、不同知识状态的理解、不同信念的理解。当时他们在文献中解释，有可能是中国的家长太重视知识了，总是给孩子讲知识，所以中国的孩子对知识状态很敏感，当然这只是他的解读，没有实质性证据。后来这位研究者又做了澳大利亚的孩子和伊朗的孩子的"心理理解能力"测试，结果发现，澳大利亚的孩子通过测试的顺序与美国的孩子相似，而伊朗的孩子通过测试的顺序与中国的孩子相似。他的解释是，一方面是因为文化不一样，中国的文化和伊朗的文化比较像，都更重视集体主义；另一方面是从兄弟姐妹之间的交流情况来解读，因为中国有一段时间独生子女比较多，所以孩子缺乏兄弟姐妹之间的交流。

最开始我们看到中国的孩子在 5 岁时才通过错误信念任务时，很不服气。从经验来讲，我们觉得中国的孩子不应该会差，因为中国人很擅长理解别人的心理状态，很愿意或者很自然地去理解他人语言、行为背后的意思。那为什么中国的孩子要到 5 岁时才能通过错误信念任务，而美国的孩子 4 岁就可以通过呢？我们觉得这可能跟我们的语言、交流方式，以及文化的一些特异性有关系。所以，我们又提出了一个假设，孩子的"心理理解能力"的发展与交流中的表达有关系。比如，小时候，我们跟别的同学打架了，家长会说什么？他们一般不会像西方父母那样说，你这样的话会让别人不高兴，会让我生气，我很生气。我们的家长通常会说，你再这样别人都不跟你玩了；或者说，你要再这样我就不要你了。今天，我还看到一个报道说，父母总是说不要孩子会影响依恋关系。我认为这不仅影响依恋关系，而且影响孩子的"心理理解能力"的发展，但是这也不是坏事。为什么呢？因为中国的孩子会去想：为什么他不跟我玩了？为什么你不要我了？然后自己悟出来，是因为他不高兴了。而西方的家长是直接告诉小孩，别人不高兴了。所以，我们称西方的孩子为复制性的孩子，他们只要复制大人的话，就能通过这个任务。但是中国的孩子无法复制大人的话，因为大人没有告诉孩子自己的心理状态是什么样子的。

很多研究都已经证明了：如果父母跟孩子谈论心理状态比较多的话，如我的情绪是什么、我的感觉是什么，小孩的"心理理解能力"会发展得更好。但是中国的家长谈心理状态比较少，我们在研究过程中让家长根据无字书中的图画给孩子讲故事，然后分析他们讲的过程，了解家长在跟孩子交流时主要讲了什么。通过分析发现，家长跟孩子很少表述心理状态，而更多的是说行为（怎么做）。也就是说，西方的一些解读是正确的，正因如此，中国的小孩对知识状态的理解很快。后来，我们做了一系列的研究来探究父母的表达是否与孩子的"心理理解能力"的发展有关。无论是用五个条目的量表，还是用经典的错误信念任务测试孩子，都发现：主要的护理者（妈妈、祖母等）在与孩子交流的过程中多谈论行为，与孩子的"心理理解能力"发展正相关。

那么，父母的表达会促进孩子的"心理理解能力"的发展吗？我们做了一个训练的研究，先把小孩分成不同的组（这些孩子都没有通过错误信念任务），对第一组的孩子，我们与他们交流时就谈论行为（怎么做）；对第二组的孩子，我们与他们交流时多谈论心理状态（他怎么想的，他高不高兴）；对第三组的孩子，我们既谈论行为，又谈论心理状态；对第四组的孩子，我们与他们交流时就谈论一些客观的事物（如天怎么样），既不谈论行为，也不谈论心理状态，这组是对照组。训练两周后，我们就对对照组的孩子进行测试。因为小孩的能力发展得非常快，在这两周的时间里他们的能力会有一些自然而然的增长，但是与之前相比没有显著差异。而其他三组：谈论行为对第一组的孩子的"心理理解能力"发展有促进作用；谈论心理状态对第二组的孩子的"心理理解能力"发展也有促进作用；而对第三组的孩子既谈论行为又谈论心理状态，并没有叠加效应。

除此之外，我们还做了一个系统地比较父亲、母亲和孩子交流的差异的研究。与之前一样，分别让父亲和母亲给孩子讲无字书。我们的研究结果是，母亲给孩子讲无字书的过程是行为、知识详述，而父亲给孩子讲无字书的过程是行为、知识简述，但是二者都能促进孩子的"心理理解能力"的发展。为什么会有这种结果呢？我们看了很多文献，认为这是教养期待起的作用。意思是，孩子明白父亲、母亲的教养角色不同，他对父亲和母亲的期待是不一样的。他期待妈妈给自己声情并茂地讲故事，而爸爸只要给自己讲故事就可以了。

那孩子与别人交流会影响其"心理理解能力"的发展吗？就是我们前面提到的共享交流。例如，和别人谈论我上一个生日是如何庆祝的？周末我跟爸爸、妈妈去哪了？这就是共享交流，也就是他在跟他人分享记忆。在国外很多研究都提出，如果孩子在跟别人分享记忆的时候，更多地讨论"我怎么做？""我干什么了？"，那么他的"心理理解能力"会发展得更好。我的一个学生想重复这个研究结果，发现重复不出来，她的研究结果与国外的研究结果不同，她的研究结果显示：如果孩子与他人交流时更多地谈论他人，那么他的"心理理解能力"会发展得更好。中国的特色就显现出来了。我们最开始做这个研究的时候，其实只是一个横断研究，就测试了 70 多个孩子，发现孩子谈论自我情况的频率与"心理理解能力"发展无关；而他谈论他人情况的频率与"心理理解能力"发展有关。为了了解是不是真正存在这种关系，我们继续做了纵向追踪，也做了训练的研究，纵向追踪一年后，我们再测试发现结果依然是这样。我们将参加测试的孩子分为"Novices""Growth""Experts"三组。开始没有通过错误信念任务，且一年后还没有通过的孩子，归入"Novices"组；开始没有通过错误信念任务，且一年后通过了的孩子，归入"Growth"组；开始通过了错误信念任务，且一年后还是通过的孩子，归入"Experts"组。我们只关心"Growth"组，这个组的孩子第一次没通过错误信念任务，第二次通过了，那到底是什么不一样？这一组在谈及他人、参照他人两个方面在两次测试中是有显著差异的。

将亲子谈话、共享交流两个方面的研究结果总结如下：在西方，亲子之间谈论心理状态多，孩子与他人交流时谈论自我更多，孩子的"心理理解能力"发展得更好；而在中国，亲子之间谈论行为、知识多，孩子与他人交流时谈论他人更多，孩子的"心理理解能力"发展得更好。这个结果显示，中国的孩子在独特的文化背景下走了一条和西方的孩子发展不太一样的路，不是说我们不能走他们那条路，因为如果我们训练父母多与孩子谈论心理状态，就和西方是一样的了。现在，很多家长也愿意去学西方教养孩子的方法，但是在学的时候要做好并不容易，在这个过程中家长也容易焦虑：我又没按照人家说的做。其实，我觉得没关系，我们就按照自己的习惯做，我们的教养方式同样对孩子的发展起积极的作用。而且，虽然中国的孩子通过错误信念任务的年龄比西方的孩子晚了1岁，但是我们的研究结果表明，6岁时中国的孩子的"心理理解能力"就和西方的孩子一样了；等到了大学的时候，中国的孩子的"心理理解能力"就比西方的孩子强了。为什么呢？因为中国的孩子对他人心理理解的过程是自己琢磨出来的，所以迁移性高。这也是为了适应我们的生活环境，在这个生活环境中，你要是不明白别人的暗示，在社会交往中，会让别人觉得你不谙世事。所以，"心理理解能力"的发展过程具有文化的特异性。

那么，成人是否还能促进"心理理解能力"的发展？我跟大家说，可以的。有研究者在《科学》（Science）发表了一篇文章，他做了一系列的实验，如读文学小说、非小说、通俗小说和不读小说，然后用眼中读心、面孔测试等做了一系列的测试后发现，阅读文学小说可以促进成人的"心理理解能力"的发展。他解释，因为小说就像现实生活一样，充满了很多复杂难懂的角色，等待我们解读，而这样的过程就与我们理解他人的心理状态相似。所以，"心理理解能力"是一直可以发展的。

有没有人是没有"心理理解能力"的？或者说，我们有这种能力，我能不能用？第一，患有孤独症的孩子是模块缺失的，就是患有孤独症的孩子缺少理解他人心理状态的能力。患有孤独症的孩子在早期就无法与他人对视，所以他没有确认眼神的过程。第二，如果我们有"心理理解能力"，但是很少使用，那么这个能力就会损伤。2017 年《大西洋月刊》（*The Atlantic*）有一篇文章《权力导致脑损伤》（*Power Causes Brain Damage*）中提到，长期掌握权力的人会失去原本让他们得以成为领导的能力——设身处地为他人着想的能力。有一个例子，小布什在 2008 年北京奥运会上醒目地反举着美国国旗，当时他举着国旗是为了给别人看，但是他没有考虑从别人的视角看这个美国国旗应该是什么样子的。我的一位学生做过一个这样的研究：测试公司的职员理解别人的心理状态的能力。他用了一些失言理解任务来测试不同的角色（上级、下级、平级）。

【失言故事】

小李和您是公司策划部的策划人员，小李刚调入策划部时，他的办公桌的光线很暗，于是您送了他一盏台灯。两年后，您去小李的办公位取文件时，不小心把台灯打碎了，小李赶忙说："没事，这台灯土里土气的，我早就想把它扔了。"

测验问题：

（1）故事中是否有人说过不应该说或是伤害别人的话？

如果您认为没有，请直接跳到第（5）题。

（2）谁说的这些话？

（3）为什么他（她）不应该说这样的话？

（4）为什么他（她）会说这些话？

控制问题：

（5）您送了什么礼物给小李？

（6）您是否认为小李真的不喜欢这盏台灯？

测试结果显示，在失言理解中，平级之间失言理解的成绩高于上级对下级失言理解的成绩，下级对上级失言理解的成绩也同样高于上级对下级失言理解的成绩。我们当时解读，因为上级可以不关心下级是怎么想的。所以在领导位置上待得时间长了的人，就慢慢地失去了理解他人心理状态的能力，但他本身是拥有这种能力的，因为他长期不用，就不敏感了。这跟镜像神经系统的损伤有关系，研究发现掌权时间比较长的人，某些脑区活动能力会下降。

大家测试一下，在自己的额头写一个字母"E"。你想一想，从别人的视角看你写的"E"是正的还是反的？ 2006 年《脑》（Brain）杂志上有一篇文章，研究者就是让被试在自己的额头写一个"E"。结果发现，位高权重的人写反"E"的多。研究者将这种现象命名为傲慢综合征（Hubris Syndrome），这是一种权力占有障碍，意思是伴随一个人成功，他会产生一种优越感，进而会对外界的信息不敏感，甚至会以一种傲慢的姿态将其过滤掉。

这是很奇怪的。理解他人是一个人领导力的重要方面，能成为领导的人一般这种能力是很好的，结果反而到了领导的位置后，他的这种能力退化了。值得注意的是，这种现象不仅存在于领导群体，还存在于生活中的一些优势个体。比如家长和孩子，家长可能就是优势个体，家长可能就不会从孩子的角度考虑问题；又如教师，相对于学生来说，教师也属于优势个体，可能也会从教师的角度而非学生的角度来考虑问题。

出现这种情况就是缺少共情能力，以及需求和动机削弱，因为他不需要谨慎地和他人相处，自然就不会去琢磨别人的心理状态。那有什么解决方法呢？① 回忆自己过去无法傲慢的时期。试着让自己多回忆过去的样子，那个不曾拥有或者只有很小权力时候的自己。这是为了让个人及时从权力思维中跳出来。② 看关于普通人的纪录片，就是时刻提醒自己也是从普通人过来的。③ 阅读，及时了解世界趋势和社会时事，让大脑保持足够的敏感度。

所以，"心理理解能力"是一个毕生的发展过程，不是说我们有了这种能力，就完成任务了，我们还有可能失去它。

三、"心理理解能力"的应用

拥有"心理理解能力"对我们有很多积极的作用：可以更好地与他人沟通；可以解决冲突，因为能够比较好地理解他人。当然，这种能力也可能帮助人们做一些坏事，如撒谎欺骗、操纵他人、欺负行为等。那么，接下来我们说一下如何才能从积极的方面去应用它。

一是要学会换位思考。现在大家在网上可能都看到过双关图，就是同一张图但不同的人看到的图形不一样。在生活中，很多时候我们不同的人看到不同的标志或者图画，也会产生不同的理解。物理刺激完全一样时，我们都可能把它看成不同的事物或有不同的理解。而在社会交往中，面对复杂的问题和人心，大家从不同的角度去想，就非常自然了。换位思考也是人际交往的前提。

【案例3】

有一段特别短的对话：

男：你别这么自怨自艾，你这么自怨自艾有用吗？

女：我不就想让你安慰我几句吗？你就不会说点好听的？

这是一个特别短的对话，可能在生活中经常出现。这位女性其实不是真的要怎么样，只想要这位男性说两句好听的话，但是这位男性不能理解她到底想听什么，或者说他理解了而故意不说。所以，在人际交往中，我们一定要换位思考，理解他人的状态和我自己的状态。当我们与他人看法不同时，先不要急着去争论，至少应该先从别人所处的位置看看是什么样的。

二是尽量用一些大家都比较容易接受的方式或语言来沟通。尽管有古语"良药苦口利于病，忠言逆耳利于行"，但是现在我们的良药都包上了"糖衣"，我们也要学会好话好说。比如，我们可以用一些自我指向的表达，类似"我会这么做"。

另外，谈论"心理理解能力"，不只是对别人的心理状态的理解，也要对自己的心理状态给予理解。所以，我们对自己也要宽容一些，灵活一些。我给大家举个例子，在我们心理学领域，经常训练大白鼠，训练大白鼠跑迷宫、按杠杆等，大家都觉得大白鼠是个实验品，但大白鼠可能在想："嗨，哥们，我可以把这个人训练成，我一按杠杆，他就给我一粒食物。"这就有点像阿 Q 一样。在生活中，如果遇到自己能解决的问题就积极解决，因为解决了我们就没有压力了，应激状态就可以缓解。但如果遇到的问题是自己无法解决的，我们也不要自我责怪。那应该怎么办？我们应该调整自己的情绪。我经常说：失恋了，人家不喜欢你了，你怎么解决这个问题？那当然是你调整自己的情绪。

还有一个就是性别角色的问题。在 20 世纪 70 年代，有一个研究者从生理性别上，选了 20 个典型描述男性的词、20 个典型描述女性的词，以及 20 个中性词（既可以描述男性，又可以描述女性），一共 60 个形容词。然后他让被试做自我评价（你认为什么样的词语符合你？），通过对被试的自我评价进行计算，可以得到一个分数，具体计算方式如下：把被试自我评价中典型描述男性的词的分数加起来，再除以 20；把典型描述女性的词的分数加起来，再除以 20；中性词不算分数。如果被试的女性化分数比较低，男性化分数比较高，称为男性化个体；反之，称为女性化个体。如果两者都低，称为未分化个体；如果是双高，称为双性化个体。研究结果显示，双性化个体心理健康状况较好。我认为双性化个体是这样一种状态：如果我作为男性，我可以接受我在外面挣钱、养家，我也能接受我在家里做新好男人；如果我作为女性，我可以上得了厅堂，下得了厨房，写得了代码，打得过流氓。意思就是，固有印象中属于男性或者女性的职责，我都可以干，而不是说僵化地认为自己只适合做什么。

　　幽默和自嘲也与"心理理解能力"相关，在人际交往中，有时候我们学会幽默和自嘲，可以化解很多矛盾。

【案例 4】

　　一男生问心仪已久的女孩：你选择男友的标准是什么？

　　女生害羞回答：没什么标准，只要投缘就成！

　　男生一愣！过了片刻，继续问道：一定要头圆吗？扁点行不行？

　　这个男生的回复就展现了他的幽默感，让人觉得很有意思。

　　当然还有灵活，也很重要，如果遇到"杠精"，不要跟他争论，没有意义。

　　如果一个人的幽默感发生了一些不同寻常的变化，可能是老化的症状。伦敦大学学院的研究者在《阿尔茨海默病杂志》(*Journal of Alzheimer's Disease*) 上发表的一项研究认为：越来越不寻常的幽默感很可能就是阿尔茨海默病的早期征兆，包括不合时宜的大笑，如在观看自然灾害的新闻报道时，或者只是看到别人车没停好时，有的病人甚至在看到爱人被严重烫伤时还发出笑声。

　　如果我们有了很好的"心理理解能力"，如何避免负面的应用（如有些暗黑型人格的人喜欢操纵别人）呢？我们应该培养自己的抑制控制能力，可以从以下几个方面锻炼这种能力：

（1）增强"我不要"的力量。

① 不随便发誓（或者不说某些口头禅）；

② 坐下的时候不跷脚；

③ 用不常用的手进行日常活动，如吃饭和开门。

（2）增强"我想要"的力量。

每天都做一些事（但不是你已经在做的事），帮助自己养成习惯或不再找借口，如可以给母亲打电话、冥想5分钟，或是每天从家里找出一件需要扔掉的物品。

（3）增强"自我监控"能力。

认真记录一件自己平常不关注的事，可以是支出、饮食，也可以是花在上网和看电视上的时间。记录不需要太先进的工具，铅笔和纸就够了。

除以上外，还有一些游戏如逢七必过、大西瓜小西瓜等，都可以训练抑制控制能力。我们除了要有抑制控制能力，还要能在适当的环境做出适当的反应，这是一种控制能力，称为"自我他人控制"，也就是说在不同的情境下，有的时候我要跟别人一样，有的时候我要跟别人不一样。这也是我们实验室在做的一系列工作，希望我们有更好的成果。

整体而言，"心理理解能力"可以帮助人们更好地适应社会生活。所以我们要去了解这种能力，努力锻炼这种能力，并从正面、积极的方面应用这种能力。当然，这种能力在不同的发展阶段，由于人的发展任务不同，所以它的表现方式也不同，这也是发展心理学当中非常关注的内容。如果大家感兴趣的话，可以去了解一下发展心理学，我们如果了解自身"心理理解能力"的发展情况和表现的话，那么可能会更好地发挥这种能力在人际交往中的作用。

最后，最重要的是，有心才能读心。我们要去观察那些线索，要去倾听这种表达，才可以更好地去交流和沟通。谢谢大家。

2018 年 5 月 31 日

（根据讲座录音整理，已经本人审阅）

第四讲
中国人谦虚人格的社会认知特征及神经基础

吴艳红

作者简介

　　吴艳红，北京大学心理与认知科学学院教授，博士生导师，教育部"长江学者"特聘教授，北京大学心理与认知科学学院学位委员会主任，全国应用心理专业学位研究生教育指导委员会主任委员。曾获北京市高等学校教学名师荣誉称号、高等学校科学研究优秀成果奖（人文社会科学）二等奖。目前主要利用行为学实验、事件相关电位和功能性磁共振成像技术，研究人类自我反思加工的认知特点、神经基础，及其影响因素。主持国家重点研发计划重点专项、国家社会科学基金重点项目、国家自然科学基金面上项目等多项课题，多项相关研究成果发表在《美国国家科学院院刊》（*Proceedings of the National Academy of Sciences of the United States of America*）、《国际人脑图谱》（*Human Brain Mapping*）、《认知》（*Cognition*）、《心理学报》等国内外重要学术期刊。

内容介绍

　　古语有云："满招损，谦受益。"谦虚自古以来就是中国传统文化的重要哲学思想，也是中国人的典型人格特征之一。谦虚是否会对人的社会认知与行为产生影响？吴艳红教授重点关注中国人谦虚人格的社会认知特征及其神经基础，结合相关研究，介绍了当下社会文化环境中的人们如何看待谦虚，谦虚是一种积极人格还是消极人格，谦虚如何影响人们的自我评价、社会交往和心理健康，以及谦虚人格的神经基础。

视 频 节 选

非常感谢研究生院的邀请，有机会来跟同学们做一些交流。我今天主要想跟大家介绍一下我们做的研究，我们主要是从心理学的角度研究中国人谦虚的社会认知特征和神经基础。

可能一说到心理学，很多人都会问心理学是干什么的？心理学是科学吗？学了心理学之后，人会有一些什么变化吗？有研究者对 2000 年以来全球 7121 份核心学术期刊上百万篇论文约 2300 万篇参考文献的引用关系的分析表明：现代科学已形成 7 个主要领域，即心理学、物理、化学、数学、地球科学、社会科学和医学，心理学已经成为独立的支柱学科（Backbone of Science）。也就是说，心理学越来越受到人们的重视，这个重视来自两个方面：一个方面是所有的人现在都关注生活中的自己的心理，以及与他人的交往的过程；另一方面从学科来说，心理学也越来越受到整个知识界的重视。那么，接下来我们先一起探讨心理学到底是干什么的？也就是如何定义心理学。

大家普遍认可的关于心理学的定义是：心理学是指关于个体的行为以及心智过程的科学研究。

第一个关键词是"科学"。我们为什么要反复强调心理学是一门科学，这是因为大家在对心理学的理解上可能或多或少都有一些来自每个人的生活实践的解释。但心理学是用来分析和解决问题的有效步骤，而且是以客观的方式搜集到的信息为研究的基础。从这个角度来说，心理学是科学的。

第二个关键词是"行为"。心理学研究的是什么呢？心理学主要研究人类和其他动物的可观察到的行为。

第三个关键词是"心智过程"。大多数人的行为在很多时候是不被我们看见的一些内部的操作过程所驱动和指引的，这个内部的操作过程就是心智过程。这个过程可能会有一些思考，比如：你在看到这个讲座的广告时，会思考要不要来；还有每个人在遇到个人得失成败时，可能会有一些归因，会想我为什么要来做这件事情？为什么我会成功，或者为什么我会失败？

在北大心理与认知科学学院的招生宣传中，我们有这样的说法：心理学是研究人类行为及精神过程的科学，其目标是描述、解释、预测、控制行为和精神过程。心理学体现了自然科学和社会科学的交叉特点，所以，我们经常看到在心理学的学科分支中，既有特别偏向于基础方面的研究内容，也有偏向于社会认知过程的研究内容。同时，心理学从分子、细胞、脑区、脑网络、个体和群体多个层面探索正常心理行为和异常心理行为的规律和机理。为什么提倡大家学习心理学？我经常在各种场合宣传心理学的时候都说，为什么这件事导致了这样的结果，是因为主导这件事的人可能没有学过心理学。比如，在上课时，我就觉得教室的设计是需要心理学家指导的。有些教室的设计会干扰我讲课的过程，会打断我本来自然流畅的思维过程。像我们今天的教室，我作为老师，讲课当然要站在讲台面对着同学们，但投影屏幕又在我的背后，所以我只能转过身去看它。那可能有人会说，你可以看讲台上的电脑。我一听就知道说这个话的人不了解老年心理学，有老花眼的人是根本看不清这个电脑屏幕的。还有一个特别让我纠结的地方，就是我背后的黑板左右各有一块屏幕，我不知道应该站在哪一边讲课。我要指着左边的屏幕，我会想右边的同学会不会有被忽视的感觉？我提出这些，没有批评谁的意思，我只是从我的角度来看，觉得它不符合心理学的规律。

心理学的研究能够帮助我们了解自我、了解他人、了解社会，了解自己如何影响他人、他人如何影响自己。任何一个情境都是社会互动的情境，在这个情境中，人是互相影响的。比如，我上课的时候，我就会跟学生说：如果你今天感觉不好，可以不来。为什么？因为他在课堂上睡觉，会影响我讲课。上课的时候，学生聚精会神地听我讲，那我就越讲越有劲。如果学生都在前面支着电脑做自己的事情，那我就会觉得你为什么要来上课，学生可以干他们的事，我还可以干我的事。所以，人与人之间在任何一个时刻都会互相干扰或者互相促进。

我们去做招生咨询的时候，很多人都说："我不适合学心理学，因为我的语言表达能力不是特别好。"他们为什么觉得学心理学要具备语言表达能力？这是因为大多数人认为，学心理学的人都需要从事临床心理学和咨询心理学的工作，其实临床心理学和咨询心理学只是心理学众多分支中的一个，但是这个分支下的从业人员会占很大的比例。其实，心理学包括很多分支，有普通心理学、人格心理学、生物心理学、工业组织心理学、实验心理学等。

我们经常说有人的地方就有心理学的存在。那具体来说，心理学家都在做什么？认知心理学家主要是了解人的基本的认知过程，如记忆、语言；社会心理学家主要研究社会对人的态度和行为的影响；工业与组织心理学家主要进行职场中的研究，提升工作场所中人们的调适能力，包括薪酬的分配、人员的管理等；教育心理学家主要关注教育环境下学生的调适能力；临床心理学家主要关注心理疾病特征，并发现最能减轻患者痛苦的方法，临床心理学虽然只是心理学研究中的一个分支，但是它对人的影响，在社会中的影响，都是非常大的，所以临床心理学受到了更多人的关注。

接下来，我们说一下怎么样研究心理学。心理学实证研究程序是：研究问题的提出—研究对象的心理建构—研究构念的操作化—实证资料的收集—资料分析以回答所提出的研究问题。

（1）研究问题的提出。问题的提出就是指开展研究要有一个假设，像我们这个研究，我们就要提出问题：谦虚是不是一个好的品质？谦虚的人是如何被他人看待的？谦虚的人如何看待自己谦虚的品质？等等

（2）研究对象的心理建构。很多心理学的概念目前都没有一个绝对的定义，比如大家说的焦虑，焦虑是什么？如果我们现在要让大家来描述一下自己是否焦虑，那么大家在描述的过程中就是对这个概念的心理建构的过程。在心理学的研究中，我们也称其为构念效度或结构效度，它是指对这个心理学核心问题的描述多大程度上能够真正解释这个心理现象。

（3）研究构念的操作化。比如我们可以从分子水平或者内分泌变化的角度给焦虑一个抽象的定义，但是如果我们想研究焦虑，那么这些定义必须是可操作化的。例如，人焦虑的时候会产生一些代偿性的行为，如搓手、挠头、上厕所等，那么我们可以根据这些代偿性的行为出现的频率来确定这个人是否有焦虑，也就是我们可以把这些行为出现的次数作为判断一个人是否焦虑的客观指标，这就是研究构念的操作化。

（4）实证资料的收集。它是指采用各种实证方法进行资料的收集。

（5）资料分析以回答所提出的研究问题。这是指根据对资料的分析，对假设进行回应，判断假设是否成立，以及在什么条件下成立。

以上就是心理学研究的一个基本的过程。

在心理学的研究方法上，可以分为质性的研究方法和量化的研究方法，量化的研究方法中最主要的是实验法。我是教实验心理学的，在实验心理学的课堂上，我会跟学生介绍如何研究知觉，如何研究人的记忆能力，如何研究人的意识，以及研究思维的过程，等等。在心理学中，这些研究都有一些具体的方法。在这些研究中，研究者主要是去操纵能直接影响被观察的行为的因素，去操纵的这个因素叫作自变量，这个因素影响到的行为叫作因变量。在研究过程中，研究者要将除自变量以外其他的影响因变量的因素控制起来，这都是通过心理学的一些方法来实现的。只有这样才能够更大程度找到某一个行为和另一个行为之间的因果关系。

心理学中有一种现象叫从众的行为，从众就是别人干什么，我们也干什么。假设现在有一个人迟到了，马上要进到这个教室了，然后我们做一个实验，我们所有的人都背对着老师坐着，看他进来之后他是和其他人一样背对着老师坐，还是一个人正对着老师坐。我相信如果不是心理素质特别强的人，那这个人一定也会跟其他人一样背对着老师坐，因为他不知道发生了什么。也许有人会说，从众的人不够自信，但在这种情况下很难有人敢说："我就是那个自信的人。"当你和别人不一样时，别人会议论你，你能不能扛得住？你觉得你受不受得了别人异样的眼光？这个是需要大家去思考的问题。

在北大可能有人真的可以做到和别人不一样，我在冬天的北大校园里看到有人穿拖鞋，我看到就会想他冷不冷，可能也确实有很多人问他冷不冷。我的头发是"自来卷"，发量特别多，以前我留长发，然后很多人都问我："你热不热？"因为我实在受不了别人老这么问，我就没扛住，把头发剪成了短发，因为我觉得总要跟别人解释我不热是一件很麻烦的事情。

心理学研究中还有非实验的方法，包括观察法、调查法、个案法。前面提到，有的人是"大家都这样做，我就不这样做"，那这个人可以作为一个个案来研究。个案法的好处就是通过与我们习惯化的现象不一致的现象来了解一些更有趣的行为。

心理学的研究中还有一些质性的方法，包括文本分析、扎根理论等。因为我们的研究用到了文本分析，所以在这里我先把这个方法提出来。

在最早的心理学的研究中，研究者通过思辨的方法来思考心理问题，如如何判断人已经死亡了，因为人死亡了心脏就不跳了，所以最开始认为人的心理器官是心脏。所以，很多与情绪和感情有关的汉字，都与"心"有关。后来人们发现，其实心理的器官是大脑。因为人看不到大脑中发生了什么，所以经常会把大脑叫作"黑箱子"。在20世纪60年代计算机兴起之后，人们发现可以通过计算机的加工过程来模拟人的大脑的活动过程，就兴起了认知科学。研究大脑的活动过程就是想分析神经机制，于是兴起了认知神经科学。人的行为离不开社会生活，每个人的行为都会受到他所处的社会和文化的影响，所以又有一个学科叫社会心理学。现在的很多研究把认知神经科学和社会心理学结合起来，发展出社会认知神经科学。社会认知神经科学的研究对象就是：针对一些社会问题，然后找到大脑中的神经机制，也就是在神经水平上去揭示这个行为发生的过程以及产生的原因。

今天讲座的主题是谦虚人格的社会认知特征及其神经表征。接下来，我想讲一下我们为什么想研究谦虚人格，也就是这个研究想法的来源。最早我主要研究记忆，我们发现在记忆的研究范式中，有一个加工水平最高的范式叫自我参照，也就是任何事情跟自己相联系时，我们对这件事情的记忆会更好，后来，我们就用记忆的这个范式来研究"自我"，那什么叫"自我"？有一个非常抽象的定义："自我"是一个人之所以成为他的所有本质属性的总和。美国心理学家威廉·詹姆斯把"自我"分为两种：一种是主体经验的"自我"，又称纯体验式的"自我"，表示自己认识的"自我"，是自己主动认识和感受的"自我"，也叫纯粹"自我"。这种纯粹"自我"研究起来很难，现在研究它的人很少。第二种是客体认识的"自我"，包括"物质自我""社会自我"和"精神自我"。这是我们最开始对"自我"研究兴趣的由来。大家都知道文化可以塑造"自我"，在个体主义文化下，"自我"概念主要强调"我"，而在集体主义文化下，"自我"概念更多的是强调一些关系的嵌套，强调"我们"。现在的"自我"研究中，更多的是用独立型"自我"和互依型"自我"的概念。独立型"自我"中的"自我"跟其他的重要他人，或者其他的一些个体没有任何关系，我就是我。但是在东方的文化下谈论的"自我"是一种互依型"自我"。互依型"自我"是指在"自我"的概念中，还包含了我的重要他人。比如，我问："你最近怎么样？好不好？"你的回答中除了有你自己现在的状态，其实还有家人的一些状态，如果你家里有一些事情影响到你的话，你自己就会觉得生活没那么好。我的导师朱莹教授的一个研究发现，在中国人的"自我概念"中，母亲是我的重要他人，所以母亲占很重要的作用。从中国人和西方人的脑成像研究结果来看，对于西方人来说，自己和母亲之间脑激活是没有任何重合的；而对于中国人来说，涉及母亲时，代表"自我"活动的脑区也会被激活，也就是说母亲和自己在中国人的"自我"概念中同样重要。这是中国第一个证明母亲是"自我"概念中很重要的部分的研究。

　　所以，"自我"受我们所处的文化和社会环境的影响。在"自我"的研究中，还会看到自我积极偏差的研究。自我积极偏差是指只要是跟自己相关的事物，我们都会觉得更好，也就是我们会用一种积极的方式来看待自己。还有前面提到的自我参照。我们在研究的时候发现，如果我给被试一些正性和负性的形容词，然后他来判断这个形容词能不能形容自己，再问这个形容词能不能形容他的朋友或者一位社会的名人。在判断完后做记忆测验时发现，如果这个词被试判断是可以形容自己的，那么这个词被回忆出来的概率更高。另外，还有一个叫禀赋效应，禀赋效应就是自己的东西自己会觉得很好，比如我们买了一件衣服，如果别人猜价格时说得太便宜了，我们会觉得很受伤害，因为我们觉得自己的东西应该更贵。还有一个效应叫高于均值效应，意思就是我们认为自己的行为要比大多数人好。比如，我问："你的开车技术好吗？"很多人认为自己的开车技术比绝大多数人要好。还有一个叫自我服务偏差。比如，期末考试的时候，走在路上经常会听同学抱怨"老师真变态，没复习什么他就考什么"。我上课的时候跟学生说这节课的某个内容很重要，可能期末会考或期中会考，老师考的内容一定是他认为重要的，那为什么考完之后，学生没复习到，就怪老师不厚道？这是因为我们习惯把失败归因于他人。如果你这次考得好，你可能会说，我押题能力很强，也就是说，成功的时候我们更多的是归因于自己。由此可见，人们对"自我"普遍存在的一种正性的、自我的、积极的认知的偏差。那么什么时候出现谦虚这件事了？我们研究的时候发现了一种所谓的"自我"威胁，就是别人说你不好的时候，你认不认可这件事呢？我们发现西方的被试，如果别人说他不好，他就会表现得更加强，意思是"我不服，我觉得我还是好的"。但是在东方文化下，我们经常会看到所谓的自贬也称谦虚，什么意思呢？有这样一句话：人怕出名，猪怕壮。比如，我们要选一位最优秀的学生，给他100分，那被选到的这个人可能会有压力。我们当导师也一样，对于实验室的学生总表扬某一个人也不好，他肯定会很紧张。还有，如果别人对你说：你真漂亮。我们一般人会回答：没有没有。如果我夸某位同学说：你真聪明，这个教室里你是最优秀的。那他可能会表现出一种"还好吧"的感觉。我们认为这样的过程是一种自谦，也可以说是自贬或谦虚。在这个过程中我们说了自己不好，为什么我们没受到伤害？我们经常会这样说，为什么自己能愉快地接受自己的不好？在现在的文化情境中，人们如何看待谦虚？最开始做这个研究的时候，我们做了访谈，设计了一个情境给被试看，我们希望他说这是谦虚，结果他说这是虚伪。那现在我们还认不认可谦虚这件事情？谦虚是一种积极的人格，还是消极的人格？我们表达谦虚的过程，对自己、对他人是好事还是坏事？那么谦虚人格如何影响人们对自己的看法？谦虚的人心理更健康，还是不谦虚的人心理更健康？谦虚的神经基础是什么？

一、谦虚人格的研究基础

在中国文化中有很多关于谦虚的论述，在其他的文化中对谦虚也有一些考量的，总体来说，关于谦虚的探讨主要是集中在道德哲学领域，实证研究相对较少。从 20 世纪 90 年代之后，随着积极心理学的兴起，关于美德的研究越来越多，人们开始考虑研究在心理学的领域中如何看待谦虚，使得谦虚的理论和实证研究开始快速丰富。关于谦虚的研究逐渐从哲学、伦理学和宗教等领域扩展到心理学领域。

在心理学的研究中，谦虚被定义为个体对自身积极特质、贡献或成就的低调展示。在个体内部，谦虚反映了一种适度的自我观，即个体在对自己的能力、品质、外表和行为等方面进行评价时不偏不倚。在个体之间，谦虚是一种个体在得到他人称赞和认可时做出的合适的、被社会赞许的行为。

在心理学领域，对谦虚有两种看法。一种认为，谦虚是一种人格特质，就是我骨子里认为我是什么样的人。另一种认为，谦虚是一种印象管理行为，是情境状态下的一种表述过程。通俗来讲，后一种就是我虽然觉得自己比你强，但我为了和你保持良好的关系，我对你说，你比我强。

我们开始研究谦虚的时候，就想了解谦虚到底是一种人格特质，还是一种印象管理行为。其实，我们最开始做探索的时候，还是更倾向于谦虚是一种人格特质。同时我们在心理学的研究中也找到了一些支持的理论。在心理学研究中，有一个大五人格理论，它就是用五个因素来解释每个人的行为，包括神经质、宜人性、开放性、外向性、神经质。其中，谦虚作为宜人性中一个主要的特质。后来，大五人格理论演化成了六维度人格模型，也就是有六个维度共同的交互作用决定了每个人的行为，谦虚成了一个新的维度，称为诚实-谦虚维度。后来，人们发现六维度人格模型比大五人格理论更能预测人的真实行为，而且是跨语言情境下的。所以，我们也接受谦虚是一种人格特质，人格特质有水平高和水平低，谦虚特质高的人是不自夸的，而且有较少的特权感、关心他人、慷慨合作等一些特点。而谦虚特质低的人比较自恋，以自我为中心，有特权感，比较傲慢。所以谦虚特质水平不同的人，在行为上会有不同的表现。那么，谦虚是不是一种好的品质。在现在的积极心理学的研究中，有研究者认为谦虚是一种品格优势，他们认为有六种美德能够决定一个人是否感觉幸福，而在这六种美德中的第五种"自制"中，他们提到谦虚是美德中的一种品格优势。从个体层面来看，一个谦虚的人会有良好的声誉，稳定的、持久的人际关系，以及较好的情绪和行为管理。从人际层面上来看，谦虚会促进一个人与他人的合作，减少人际冲突。

二、谦虚人格的社会认知特征

我们研究谦虚人格的社会认知特征时，主要从两个方面来看：一是人们如何看待谦虚的人？二是谦虚的人如何评价自己？

（一）人们如何看待谦虚的人？

文化情境会影响人们对任何行为的看法。在西方的被试中，谦虚被认为是一种自贬，有研究证明，谦虚的人有消极的"自我"概念，较自卑，而且其中大部分人是内向、害羞的，也就是说在西方文化情境下，谦虚人格特质是不利于个人发展和人际交往的。在东方的研究中，谦虚也是一种自贬，但研究者认为谦虚是一种优秀的品质，谦虚的人有高内隐自尊，而且谦虚是人际交往的规范。也就是说，东方文化在人际交往中提倡和鼓励谦虚，如"谦虚使人进步，骄傲使人落后""满招损，谦受益"。所以，在东方文化情境下，谦虚的人具有高度适应性的处理人际关系的一些风格。

在心理学的研究中，一般说到任何一个社会行为的时候，都是从两个维度来描述这个行为：第一个维度是热情（Warmth），其主要是指对行为意图的感知，如友好、助人、真诚、可信和道德等。其又有两个亚的分类：道德和社会性。佐斌教授把这一维度称为"德"。另一个维度是能力（Competence），其主要是指对实现意图的能力感知，如智力、技能、创造性和高效率等。佐斌教授把它称为"才"。

在西方文化下，谦虚在这两个维度上的研究结果是：在"德"的维度上，他们是强调谦虚是一个好的行为规范；但是在"才"的维度上，谦虚的人是稍微偏到平均数的下方。所以在西方，人们认为谦虚的人是"才"稍有欠缺但有"德"。

1.实验一：质性研究

我们的研究是针对中国的被试来进行的，采用文本分析的方法。我们对 144 个被试问了两个问题：

第一个问题：谦虚的人有什么特点？请尽可能详细列出。

这个问题是为了了解在现在的社会环境下，人们如何评价谦虚的人。然后我们把被试列出来的词做了词频分析，结果显示：在中国文化下，大家认为谦虚的人是有能力的、低调的、平易近人的、虚怀若谷的、有教养的、友善的等。根据我们的词频分析，我们得到的结论是：谦虚的人是德才兼备的。

第二个问题：你认为在现在的社会生活中，谦虚重要还是不重要？如果重要为什么？如果不重要为什么？

结果显示，93% 的人认为谦虚是重要的，认为谦虚既有工具价值，也有内在价值。工具价值主要体现在人际交往的过程。比如，有一个被试认为，谦虚能够帮助人们维护人际关系，提升自我形象，而且符合社会规范。同时他说，谦虚的人具有传统美德，自我完善也是谦虚，也是做人的根本，而且谦虚本身在人际交往过程中也代表对他人的尊重。还有 7% 的人认为谦虚不重要，他们认为，谦虚会使人失去机会，同时认为谦虚的人比较虚伪。

2.实验二：实验研究

我们又做了实验研究：内隐[①]印象知觉和外显[②]情境知觉。

首先是内隐印象知觉的实验。做这个实验时，我们是在已有的一个研究的范式上进行的修改，这个原始的实验是这么来做的：给被试一些形容

---

① 在实验中，我们没有告诉被试实验目的，没有说明谦虚的人和傲慢的人是什么样的，而只是把谦虚和傲慢埋在任务中，被试不知道我们要分析的是这两个词的差异。

② 在实验中，被试已经知道自己在谦虚或傲慢的情境下做判断。

词，在这些形容词中只有两个词是变化的，一组是加入了"热情"这个词，另外一组加入了"冷漠"这个词。因为这两个词的加入，被试就对该组其他方面的看法发生了显著的变化。如果一个人是热情的，那么大家就会觉得他有能力、可信、坚定。如果一个人是冷漠的，那么人们会在其他很多相应的项目上给他很低的评分。所以，如果我们写推荐信时，不要用善良的，而要用热情的，因为"热情"这个词会让别人给我们更多其他的正面评价。

我们的研究就是把"热情"和"冷漠"换成了"谦虚"和"傲慢"，其他词都是一样的。我们把被试具体分为三组：① 控制组。给他们看 6 个词，包括勤勉的、灵巧的、坚定的、聪明的、现实的、谨慎的；② 谦虚组。给他们看 7 个词，包括勤勉的、谦虚的、灵巧的、坚定的、聪明的、现实的、谨慎的；③ 傲慢组。给他们看 7 个词，包括勤勉的、傲慢的、灵巧的、坚定的、聪明的、现实的、谨慎的。[1]因变量是从"德"和"才"的角度分为三个维度：道德、社会性、能力。被试看过每一组的词之后，我们让他在这三个维度上给刚才出现的词代表的人打分。打分使用的是 7 点量表，它是两极的，1 ～ 7 分。除此之外，我们还做了一些人际关系的判断，就是让被试判断，你喜欢刚才这个人吗？或者问他：你愿不愿意跟这个人交往？

研究结果显示，所有的人[2]都认为，在 7 个形容词中，如果有 6 个形容词一致，只有一个形容词是傲慢的，大家就会觉得含有"傲慢的"这组形容词形容的人比含有"谦虚的"这组形容词形容的人更有能力。"扎心"了吗？你还想做一个谦虚的人吗？别伤心，谦虚的人也有被肯定的地方。再进一步从"德"的维度分析发现，在社会性上谦虚组和傲慢组是有差异

---

① 这些词的出现都是随机的，不是固定的顺序。
② 这个实验有200多个被试。

的：谦虚的人会更容易被其他人接受。所以这个实验显示，大家认为谦虚的人不如傲慢的人有能力，但是大家认为谦虚的人有更好的社会性，更愿意和谦虚的人交往。但是在可靠性上，这两组是没有差异的，也就是大家并不觉得傲慢的人就不可靠。

第二个实验是外显情境知觉。我们采用情境启动范式，主要研究如果被试判断出谦虚／傲慢的行为时，他会如何评价谦虚／傲慢的人的"德"的方面，如何看待谦虚／傲慢的人的能力特点。

情境启动就是让被试读一个小故事，来启动被试的谦虚／傲慢的情境。

【谦虚的对象】

思思的学习成绩特别好，每年都获得学校的特等奖学金。在今年的迎新大会上，思思作为学生代表发言。在发言中，思思表示，之所以能取得现在这样的成绩，主要得益于老师和同学们的支持和帮助，自己还有很多方面做得不够好，需要改进。而且每一位同学都有值得自己学习的地方。思思表示，自己会继续努力，争取更好的成绩。熟悉思思的同学都表示，思思从不吹嘘自己，并且乐于在学业等各个方面帮助同学。

【傲慢的对象】

思思的学习成绩特别好，每年都获得学校的特等奖学金。在今年的迎新大会上，思思作为学生代表发言。在发言中，思思表示，之所以能取得现在这样的成绩，主要得益于自己的天分和努力，除了学业，自己在书法和音乐等方面的表现也比大多数人出色，因此常成为别人关注的中心。思思表示，相信自己以后会成为一个了不起的人。熟悉思思的同学都表示，思思喜欢当众谈论自己的成功，而且总是认为自己比大部分人要聪明。

当被试读完其中一段话后，我们会检查他是不是已经启动了谦虚/傲慢的情境。因为我们需要被试是在启动谦虚的情境下做判断，所以我们剔除了认为"谦虚是虚伪"的被试。

这个实验我们依然从道德、社会性和能力三个维度进行判断。研究结果显示，在外显的情境下，大家认为谦虚的人更可靠，而傲慢的人更不可靠；同时，大家依然认为谦虚的人比傲慢的人有更高的社会性，就是大家更认可他的一些行为。

通过实验一的质性研究发现，谦虚的人被认为是德才兼备的，在现在的社会中，谦虚仍然具有重要的内在价值和工具价值。实验二的实验研究结果显示，在内隐印象知觉上，谦虚的人被认为在能力上虽不如傲慢的人，但其具有更高的社会性（如友好易相处），因而更容易被他人喜欢和接纳；在外显情境知觉上，被试认为谦虚的人和傲慢的人在能力上没有差别，但是相较于傲慢的人，谦虚的人具有更高的社会性（如友好易相处）和道德声誉（如可靠性）。

在实验二中为什么出现了内隐和外显的分离？因为谦虚/傲慢是一种社会认知过程，社会认知过程是会受到社会赞许性影响的。社会赞许性是指我们在做判断的时候，不一定是自己真实的想法，而是按照大多数人所期盼的那样去进行判断。比如，我问："你是一个有道德的人吗？"我相信绝大多数人都会回答，自己是一个有道德的人，就算你内心觉得自己很卑鄙，你也不会让别人知道，因为你怕别人会看不起你。因此，内隐测量可以更好地反映人在受到社会压力下的真实的反应。在实验中，我们看待谦虚在内隐和外显的分离是什么？在内隐的时候，大家认为谦虚的人没有傲慢的人能力强。所以，综合以上的研究结果，我给大家一个建议：要低调做人，高调做事。

二、谦虚的人如何评价自己

我们回顾相应的研究文献发现：西方文化认为谦虚的人对"自我"持有消极的看法，缺乏积极自我评价动机；而在中国文化中，谦虚是一种被大部分社会成员所认可的优秀品质和社会规范。同样是针对中国被试的研究，蔡华俭教授等研究者发现谦虚与外显自尊负相关，但与内隐自尊正相关。但也有研究发现越是谦虚的人，其外显自尊和内隐自尊都越低。

1. 实验一

我们很难通过问卷调查的方法来了解一个谦虚的人是如何评价自己的。比如，我们问一位谦虚的人说："你是高尚的人吗？"受到社会赞许性的影响，他会不好意思说自己是高尚的人，或者觉得自己比傲慢的人高尚。所以，我们用实验法来做这个研究，主要从"德"和"才"两个维度进行评价。我们的实验有两个途径：自我评价和反思自我评价。自我评价是指自己认为自己是什么样的人；反思自我评价是别人认为你是这样的人，你认可吗？我们通过两个不同的任务进行判断。

自我评价比较简单。我们给被试一个形容词，让他判断这个词是否可以形容自己。反思自我评价是给被试一个形容词并告诉他，这是别人对他的评价，让他判断认不认可这个评价？在实验之前我们会编一个故事：在招被试时，我们会告诉他，有一些人跟你一起做实验；收了被试的照片之后我们告诉他，被试之间会相互进行评价。我们用的方法是事件相关电位（Event-Related Potential，ERP）。研究结果显示：在自我评价时，高谦虚的人在判断的时候反应时间更长，也就是他判断时思考得更多。高谦虚的人，他更少用正性的特质来描述自己，而有一些自谦、自贬的过程。在反思评价时，低谦虚的人本能地对能力更敏感，高谦虚的人经过深思熟虑之后，也看重能力特质，也就是谦虚的人并不认为自己的能力不如他人。

2. 实验二

在实验二中，我们用的是情绪 Stroop 任务。情绪 Stroop 任务是心理学研究中特别稳定的一个现象，是指用不同颜色的笔写一些表示颜色的词要求被试判断这个词的颜色，而不理会这个词本身的语义。

这个实验是这样做的：我们会用红色和蓝色呈现一些正性的和负性的形容"德"和"才"的词；然后，让被试判断词的颜色。这是一种内隐的注意加工的过程。结果发现，不管是高谦虚的人还是低谦虚的人，他们都更关注对自己正性的评价。

总结来说，在外显的自我评价中，谦虚的人对自我的能力是肯定的，但同时也重视他人的评价。在内隐的评价中，不管是高谦虚的和低谦虚的人，都更关注对自己正性的评价。

三、谦虚人格对心理健康的影响机制

文化因素对人的幸福感是有影响的，因为在不同的文化下所强调的品质是不一样的，所以人在不同文化下所表现出来的特质也应该是不一样的。从理论上说，我们认为谦虚应该是有利于中国人的幸福感的。所以，我们的假设是：谦虚人格可以正向地预测中国人的幸福感，会负向预测抑郁的水平；情绪智力和自尊可能在谦虚人格和心理健康之间起到中介作用。我们对 500 个人进行了问卷调查后发现，谦虚人格确实能够正向预测中国人的主观幸福感，而且谦虚的人可以通过情绪智力的调节和自尊的自我控制来保持心理健康。同时，谦虚人格可以负向预测抑郁倾向，也就是说越谦虚的人抑郁水平越低。这是大家所没有想到的，因为我们觉得谦虚的人总说自己没有别人好，会不会为了保持人际关系的和谐，使自己抑郁了。我们的研究结果告诉大家：不会，越谦虚的人的抑郁分数反而越低。

后来，我们想知道谦虚的人的行为是因为害怕影响人际关系或被人拒绝吗？我们又做了一个研究，这个研究我们采用的是社会反馈的加工范式。在社会交往中有两个因素：一个是自我预期，个体预测他人对自己是接纳还是拒绝；二是他人评价，他人是真的接纳或拒绝自己。无论是自我预期还是他人评价，都是接纳或拒绝两种情况，那我们就有四种组合：① 自我预期与他人评价都是接纳；② 自我预期与他人评价都是拒绝；③ 自我预期是接纳，他人评价是拒绝；④ 自我预期是拒绝，他人评价是接纳。

具体研究过程如下。开始之前同样会编一个故事，就是在实验开始之前我们会搜集被试的照片并告诉他，会有很多人参与这个研究并且他们之间会相互进行评价。在实验过程中，我们会给被试看一个注视点，然后给他看一张照片并问他，照片上的这个人马上要评价你了，你认为他对你的评价是肯定的还是否定的。然后被试会做一个判断。根据我们刚才的分析，一共有四种情况：预期接纳、预期拒绝、非预期拒绝、非预期接纳。

在 ERP 的指标上，我们选择了 SPN、FRN 和 P3。在 SPN 波上，被试在做判断时，情绪唤醒度越高的话，就会越引发更大的 SPN 振幅。FRN 振幅增大的话表示：预期不一致的反馈，或者预期一致但引发负性情绪体验的反馈。P3 波主要是表达注意分配的过程以及奖赏的动机，就是具有奖赏机制的反馈会诱发更大的 P3 振幅。

我们主要用这三个指标来分析研究结果：从 SPN 的结果来看，相对于低谦虚的个体，高谦虚的个体对潜在社会拒绝反馈有更高的注意警觉。

通俗来说，在预期过程中，高谦虚的人有更大的程度或者有更高的准备水平自己可能会被拒绝；从 FRN 的结果来看，非预期的社会反馈（包括非预期拒绝和非预期接纳）对低谦虚个体产生的负面影响更大，也就是说，对于低谦虚的人，无论别人是接纳他还是拒绝他，只要和他自己的预期不一致都会引起强烈的情绪反应。从 P3 的结果来看，高谦虚的个体更期待得到别人的肯定。也就是说，对于高谦虚的人来说，即使评价者和他的预期不一致也没关系，只要别人是真接纳他，他就会更高兴。

所以，高谦虚的人是别人拒绝自己，他也不在乎，但是如果别人肯定自己，他还会非常高兴。不管是高谦虚的人还是低谦虚的人，在看到非预期结果时都表现出负性的人际情绪体验，但二者的负性的人际情绪体验有所不同。具体如下。

（1）非预期接纳结果时：

高谦虚组被试会说：

惊喜，我居然错过了喜欢我的人，有一点负罪感；抱歉，误解了对方……①

低谦虚组被试会说：

诧异，但感觉无所谓；还蛮多人喜欢自己的，不错不错……

所以，高谦虚的人对负性的人际情绪体验更多的是指向自己，而低谦虚的人更多的是肯定了自我。

（2）非预期拒绝结果时：

高谦虚组被试会说：

判断失误，我自己高估自己了，没有关系；很正常……

---

① 为被试真实说的话，下同。

低谦虚组被试会说：

看走眼，居然不喜欢我；对方可能不是友善的人；骗子；有点沮丧……

看出差异了吗？高谦虚组和低谦虚组都出现了负性的人际情绪体验，但是方向不一样，高谦虚的人是埋怨自己，低谦虚的人是埋怨他人。

所以，为什么谦虚的人会更健康？通过这个研究可以知道，谦虚的人在社会交往中是有预防定向的，他告诉自己"我可能不一定被接受"，同时如果自己被接受了还会很高兴。他们既有之前的预防，也有对自己的奖励。这其实是一种积极的自我保护策略，使谦虚的人具有良好的情绪和社会功能。所以，不是说自己不好就真的是对自己的一种伤害。

四、谦虚人格的神经基础

为什么谦虚的人有前面那样的一些表现，真的是有神经机制的支持吗？也就是说我们前面提到的都是行为结果的推测，但是这些行为要有大脑的神经机制的支持，才能和我们的研究达成一致，更加完满，所以我们做了谦虚人格的神经基础的研究。

在这个研究中，我们检查了我们认为的谦虚所涉及的相关脑区的灰质的体积大小，这里用到了脑成像的方法。在研究过程中，我们关注这样的几个脑区：一个是背内侧前额叶皮质，它参与自我评价和自我反思的加工。二是背外侧前额叶皮质，它与自我调节和自我认知控制相关。这两个部分我已经多次说明，谦虚的人对自我的评价是有特点的，同时他们有自我调节的能力和认知控制的能力。三是社会认知网络，因为谦虚是一种社会行为，它一定会受到其他的社会因素的影响，这个部分主要关注颞顶联合区、颞上回、颞极，同时也会关注储存社会性信息的区域，以及对他人的心理状态、情感、思想和行为等的感知和理解过程。我们用的是磁共振成像和基于体素的形态测量技术。

研究结果发现：

（1）越是谦虚的人，其背内侧前额叶皮质的局部灰质体积越大。已有的研究发现，积极的自我评价与背内侧前额叶皮质静息状态功能活动的增加有关，即该大脑区域在维持自发性的积极自我评价倾向中起着关键作用。据此我们可以推测，谦虚可能是中国人维持积极自我评价的策略。

（2）越是谦虚的人，其背外侧前额叶皮质的局部灰质体积越大，这与以往发现谦虚能够促进自我控制能力的研究结论相一致。背外侧前额叶皮质被认为在自我控制和情绪调节过程中发挥着关键作用。增强自我控制有助于个体调整其在社会交往中的行为，这对促进更好的社会适应和心理健康至关重要。因此，我们的研究结果表明，越是谦虚的人，自我控制能力越强，从而有助于获得一系列积极的社会反馈。

（3）谦虚人格的个体差异与社会认知网络如颞上回和颞极的局部灰质体积呈正相关，表明谦虚人格与感知和理解他人状态、情感、思想、特质和行为等社会认知能力有关，而这些社会认知能力能够支持并激发亲社会行为。这个结果与以往的研究结果相一致，即谦虚的人的人际交往能力更强，更加关注他人的需求和感受，更能从他人的角度考虑问题。

（4）谦虚人格的个体差异与后侧脑岛皮质的局部灰质体积呈正相关。该区域主要参与公平相关的道德判断。理论研究表明，谦虚与正义和平等主义有关，因为谦虚使人们能够准确地认识自己和他人。实证研究也表明，谦虚的人在合作的经济决策游戏中更注重公平。

总结来说，中国人的谦虚人格对人们的认知行为和大脑产生了深刻的影响。在他人对谦虚的判断中，人们认为谦虚的人德才兼备。谦虚的人对自己的评价是辩证统一的，认为自己的"德"和"才"的维度上都有提高。面对威胁的时候，即遇到与自己不一致的判断时，谦虚的人能够积极应对。

　　谦虚是一种综合的、积极的人格品质，能够促进个体的心理健康水平，具有重要的社会功能。从这一系列的研究我们可以得到一个结论：谦虚使人进步，骄傲使人落后；满招损，谦受益。

2019 年 5 月 9 日

（根据讲座录音整理，已经本人审阅）

第五讲
情绪面面观

周晓林

作者简介

华东师范大学心理与认知科学学院院长，上海外国语大学语言研究院院长，教育部高等学校心理学类专业教学指导委员会主任委员，教育部长江学者特聘教授；曾为北京大学心理学系主任（2008—2013年），国务院学位委员会心理学评议组成员（2009—2020年），国家自然科学基金委重大研究计划专家组成员（2010—2017年），中国心理学会理事长（2017—2020年）。

内容介绍

　　人是一种时刻被情绪包围的动物，然而我们对自身情绪的了解有多少呢？我们的行为模式是如何受到情绪的影响呢？周晓林教授从情绪的心理学和神经科学研究入手，讲述了情绪的特征、基本情绪分类以及情绪的基本理论和脑基础。在本讲中，周晓林教授引用了大量有趣的研究案例，生动地展示了情绪的多样性、差异性，带我们走进情绪的世界，了解情绪。

视 频 节 选

今天，我讲的题目为《情绪面面观》，从这个题目可以看出来，今天的讲座不是一个系统的学术讲座，更多的是蜻蜓点水般地对情绪的各个方面做一些介绍。

情绪在生活中非常重要，如果一个人的情绪总是处于抑郁状态的话，那么他很可能会得抑郁症等精神疾病。不仅是心理学对情绪感兴趣，其他学科也都对情绪感兴趣。比如，法学可能对它感兴趣的方面是情感和理智、责任的关系，激情犯罪有多大的责任等；计算机科学也会对它感兴趣，现在的智能计算甚至有情感计算，它们希望机器的智能系统具有人的情感。

《牛津词典》2015年度词汇——一个"笑哭"的表情符号，这其实不是一个真正的词，只是一个符号。这也说明情绪已经散落到人们生活的方方面面。情绪在不同的场景下会有各种各样的表现。人除了低级的社会情感，还有高级的社会情感。马航370失踪时，有学生举行祈福活动。这就说明人具有更高的情感——同情心。以前，我们认为低级动物可能没有高级的情感，但有研究就推翻了这种观点。有研究发现，大鼠在另一只它并不认识的大鼠（不同窝的大鼠）溺水时，会去救它，这说明大鼠也具有同情心。

那到底什么是情绪呢？亚里士多德说："To understand the emotions is to name them and describe them, and to know their courses and the way in which they are excited."（要理解情绪，就要给情绪命名，描述它们，知道它们的特点和激发它们的方式。）咱们中国人常说"名不正，则言不顺"，所以先要给它"命名"；同时要去描述它，也就是要知道它的特征、功能。我认为英文"emotion"更能反映情绪的本质，因为英文"emotion"来源于拉丁文"movere"，译为移动。为什么是移动呢？从本质上来说，情绪的产生是因为身体状态的改变（也可以说身体发生了某种移动）；同时情绪产生后，会推动人发生某种行为，也是一种移动。

为什么要研究情绪呢？从人进化的角度来看，为什么会有情绪呢？大家都理智不更好吗？但是大家想一想，如果人没有情绪的话，那么生活就会失去很多色彩。所以，情绪是一种行为的韵律或修饰。同时，正是因为有情绪的产生才使得人类有更加高级的道德情感，有助于人类生存。所以情绪与人的社会适应密切相关，与人的一系列的行为密切相关。比如，愤怒后，人会对外界产生攻击行为；恐惧后，人会对危险采取躲避措施；以及还有更高级的社会行为，如助人为乐等。

一、情绪的特征

情绪有三个较为明显的特征：一是生理唤起水平，二是面部表情和身体姿态变化，三是主观感受变化。

一是生理唤起水平。生理唤起水平对情绪的激起具有重大的作用。当人产生情绪的时候，不光大脑内产生了变化，整个身体状态也会发生变化，也就是刚才说的移动。为什么要激起生理唤起水平呢？从工作效率来看，当人的身体处于一定的唤起水平时，工作效率会更高。当然，这个唤起水平也不能过于极端，特别是进行复杂任务时，比如，你在准备考试时，最好还是情绪平静一点。

《史记·李将军列传》中有："以为虎而射之，中石没镞，视之石也。因复更射之，终不能复入石矣。"这句话就说明了，人在情绪激起状态下可以爆发出平常没有的能力。新西兰的毛利人是波利尼西亚人的后裔，他们有一种传统的舞蹈形式（毛利战舞，也称哈咔舞）。在新西兰的橄榄球队比赛前，他们就跳这种舞蹈，以焕发参赛者的精神，促使他们具有更多的攻击性。现在还有很多的企业，特别是受到日本文化影响的企业，早晨上班前要员工喊口号，喊口号就是为了唤起员工的身体，使得工作效率更高。

另外有实验证明，生理唤起水平会影响比较高级的社会行为。有一个有趣的实验，实验中有访问者和受访者，访问者是一位女性，受访者是若干男性。男性受访者既可以选择从平桥走过来，也可以选择从吊桥走过来。在男性受访者走的过程中，这位女性访问者会对他们做一些调查，并在结束后，告诉这些男性受访者，过一段时间可以打电话来咨询调查情况。结果发现，打电话过来的大多数是从吊桥走过来的受访者。为什么？因为他们在走吊桥的时候，实际上处于一种生理混乱状态，他们会把这种生理混乱状态错误地归因成女性访问者有吸引力，所以会更想打电话过来。

二是面部表情和身体姿态变化。面部表情最重要的功能是表达信息、传递信息。即使是还不会语言的婴儿，他们也可以通过面部表情来传递需求。我们的科学家也可以通过面部表情的特性做一些很深入的研究，比如研究婴儿对物理世界有没有天生的概念，或者他们在什么时候能掌握这个概念。这肯定无法通过调查问卷或考试来了解，但是可以利用婴儿的面部表情作为指标来研究这个问题。那么，面部表情能否改变情绪呢？科学家们有一个假设，如果人保持某种面部表情，也就是他的肌肉、神经系统处于某种状态的时候，会反馈到自主神经系统，从而引起情绪变化。有一个研究就是让被试分别保持悲伤的表情和愉快的表情，发现两种表情下被试对图片的打分不一样。这就是因为面部表情状态会自动反映到自主神经系统，然后自主神经系统的活动会改变情绪状态，从而使得被试对图片的评价发生变化。

除了面部表情外，身体姿态也能够传达情绪信息。比如，在恋爱中的情侣想知道另一半对自己的真实态度的话，可以观察他／她的身体姿态，因为有时候人们的言语表达并不一定跟身体姿态相一致，因为身体姿态的变化一般是在不经意间发生的。也有一些研究从科学的角度证明了这一点，《科学》（Science）上的一篇文章发现，当人在激动的情绪状态下，很难从面部表情来判断人是处于负性情绪状态还是正性情绪状态，而如果从身体姿态上来看，会判断得更加准确。比如，我们在看球赛时，很难从选手的面部表情来判断是输了球或赢了球，但是如果看他的身体姿势，判断的正确率就会高很多。也就是说，在激动的情绪状态下，有时候身体姿势比面部表情更能传递情绪信息。

三是主观感受变化。一般人认为情绪就是主观感受的变化。正是因为有了情绪引起的主观感受，人才能够享受生活、享受艺术。比如，大家看到一幅画的时候，你的情绪从主观感受来说，也会发生变化。

二、情绪的分类：基本情绪

人有各种各样的情绪，那人的基本情绪有哪些呢？英国生物学家达尔文就已经从人和动物面部表情的肌肉运动的角度对基本情绪进行了区分。美国人类学家玛格丽特·米德也在这方面做了很多工作。从人和动物表情的相似性角度，特别是高等哺乳类动物，研究者们提出了几种基本情绪，也就是我们常说的喜、怒、哀、乐。有一个日本的研究者，将几千张奥运冠军在领奖台上的表情图片进行对比后发现，即使是天生的盲人，他喜悦的表情和正常人也是一样的，这说明基本情绪可能是天生的，是基因带来的。

美国心理学家保罗·艾克曼做了很多跨文化的研究，认为基本情绪有愤怒、恐惧、惊讶、厌恶、快乐和悲伤六种。为什么这几种情绪是基本情绪呢？第一，基本情绪发生得非常快，且是自动的。什么叫自动的？就是说基本情绪可能不受主观意志控制。比如，你在动物园观察毒蛇，即使知道有玻璃挡着，但当蛇突然快速朝你爬过来时，你还是会被吓到。这就是因为人进化得来的系统认为这是危险的，所以会自动地发生反应。第二，基本情绪发生得很早，在婴儿时期，人就开始有基本情绪了。第三，全人类的基本情绪基本一致，不同文化下生活的人们的基本情绪虽然有细微的差异，但是总的来说是一致的。第四，哺乳动物也具有人类一样的基本情绪。

有一部电影叫《头脑特工队》，英文为 *Inside Out*，"Inside" 实际上是反映了人的内在情绪的状态，而"out"是人的外在行为。也就是说，这个电影主要讲不同的人或者不同的情绪状态对人的影响。这个电影中的人物的名字就叫乐乐、忧忧、厌厌、怒怒、怕怕。实际上，这些就代表了几种基本情绪。还有研究者认为，基本情绪应该有八种，包括愤怒、恐惧、惊讶、厌恶、快乐、悲伤、期待和信任。虽然基本情绪大概是这几种，但通常情况下，人类的情绪是复合的。比如，一个小孩偷吃了饼干，他处于什么样的情绪状态？一方面他吃到了饼干是快乐的，但同时也会有害怕的感觉。我们在做情绪研究时，也会用不同的词汇来表达基本情绪的不同状态，如生气、愤怒和狂怒。我们还会借用物理学中光谱的变化，从唤醒水平的强度和正性、负性的强度两个维度将一些复合的情绪表达出来。

情绪是整个自主神经系统的活动。当人处于爱的状态时，会全身心地投入进去；当人处于抑郁的状态时，就没有活动能量了。

三、基本情绪的基本理论

关于基本情绪有哪些理论呢？普遍的观点是，情绪体验在前，然后才会有行动。比如，我们看到一头狮子，可能先是感到恐惧，然后逃跑或战斗。但是美国心理学家威廉·詹姆斯和丹麦生理学家卡尔·兰格有不同的见解，他们认为：行动在前，情绪在后。比如，开车时，如果突然跑出来一个人，我们的第一反应是避开他，然后才会感到害怕。美国生理学家沃尔特·坎农和菲利普·巴德认为詹姆斯和兰格的理论不对，他们认为外部因素刺激人的下丘脑的活动后，同时产生情绪体验和行动，也就是情绪体验和行动是同时发生的。美国心理学家沙赫特更强调认知功能，他认为当我们看到一个情境后，不一定会立即对其产生反应，而是通过认知活动进行评价后才产生反应。例如，你晚上走在校园里，如果突然有人叫了一声，你的反应首先是评价这个人是陌生人还是熟悉的朋友，然后再产生不同的情绪反应。目前为止，并没有确定到底哪种理论才是情绪的基本理论，所以需要一些科学的、实质性的证据来验证这些理论。当然，我们必须要记住这些理论，最好能综合性地看待这些理论。

情绪反应有很大的个体差异。有的人很开朗、乐观；有的人很悲伤，容易陷入抑郁的状态。这种个体差异实际上从小就发生了，可能是来自大脑活动的差异。比如，2岁左右的小孩，有的是退缩型的，而有的是进取型的，从小的情绪状态或气质不一样，会延续人的一生。有一个研究在被试儿童 2 岁时对其进行分类，然后到他们 20 岁、30 岁的时候利用核磁共振成像，观察他们在不同情境（看到熟悉面孔和陌生面孔）下脑的活动。结果发现，看到熟悉的面孔时，他们之间脑的活动差异不大；但是如果看到的是陌生面孔，小时候就是退缩型的被试的杏仁核有更高的反应。杏仁核主要与人的情绪尤其是恐惧情绪密切相关。

　　情绪的个体差异也会来自我们的基因。我们团队做了一个研究［在《科学报告》（*Scientific Reports*）发表］，我们找了几百个大学生，问了一个简单的问题，如你是不是在谈恋爱？结果发现了 CC 型基因的人相对于 CG/GG 型基因的人，处于单身的概率要更低一点。如果将其换成谈恋爱的概念的话，CG/GG 型基因的人相对 CC 型基因的人谈恋爱的概率要低 20%。这听起来好像是很大的比例。所以，国内外一些媒体"炒作"说，我们团队发现了所谓的单身基因——5- 羟色胺受体。但实际上从基因到行为之间的链条非常长，我们可以讲基因是本源的，是不变的，但是从基因到改变谈恋爱的概率，这中间有一系列的过程。我们另外一个研究就是证明，CC 型基因的人和 CG/GG 型基因的人在认识自己情绪状态的能力上是有差异的。我们猜测，正是基因（5- 羟色胺受体）的变化，影响了他们认识自己情感的能力，使得他们在谈恋爱的时候更加容易成功或失败。除此之外，还有一些其他的基因。如，多巴胺羟化酶基因能够改变人的共情能力。什么叫共情？在这个实验中，我们用了一些任务来测验被试的共情能力。因为做基因研究要求被试量非常大，所以我们认为要尽可能简单，否则工作量太大了。我们有眼睛读心任务，也就是给被试看人处于不同的情绪状态的眼睛的图片，然后让被试判断这是什么情绪。一共有几十道题，根据被试答对的比例，我们判断他对别人情绪状态的认知能力高低。同时，在这个基础上，我们还测试了被试的共情反应能力。这怎么测试呢？我们采用的是量表，量表有几道题，被试自己判断自己多大程度（1—7分）符合这个描述。比如，有这样一个题目："对那些比我不幸的人，我经常有心软和关怀的感觉。"量表做完后，将被试按照基因进行了分型后发现，无论是男性还是女性，也无论是共情能力、反应能力还是自觉能力，CC型的要比CT型或TT型的强一点。也就是说，在某种程度上，人的情绪反应能力是天生的。以上实验是做的单个基因，这还不够，因为影响情绪的基因还有很多。另外，我们还做了一些基因的实验，又如儿茶酚胺甲基氧位转移酶基因，我们发现这种基因会影响一个人的感激特征和主观幸福感。

除了个体差异以外，大家可能感受得更多的是情绪的性别差异。中国文化中有"男儿有泪不轻弹"的说法，但没有女性应该怎么样的说法，说明文化对不同性别主体的情绪反应也有不同的期待。关于情绪的性别差异有没有科学证据呢？我们发现男女情绪反应确实有差别，无论是从行为研究还是脑的研究中都发现，在情绪识别上女性比男性更敏感、反应更强烈、能力更强；在记忆跟情绪有关的信息时，女性能更快回忆出情绪事件，且对事件相关细节的记忆也更丰富；在情绪易感性方面，女性更难控制负性情绪，所以女性更容易哭；但是男性相对而言更难控制正性情绪。所以我们可以看到国外的男性球迷，输了球"闹事"，赢了球也在"闹事"。

我们实验室做过一个他人道歉对人的行为的影响的研究。我们让一个被试跟另外两个人玩游戏，这个被试每次跟其中一个人配对。如果被试做错了的话，对方就有权利惩罚他，如给他电击。这个电击可能是高强度的，也可能是低强度的（不会给人带来长久伤害）。或者也可以稍微再仁慈一点，如让他听指甲划过玻璃的声音。做完第一轮后，让被试做第二轮，第二轮是反过来的：如果说对方做错了的话，被试有权利惩罚对方。但是最关键的是，在这两个阶段之间，被试的一个同伴会给被试一个纸条："对不起，刚才我选的惩罚强度有点高了，下一阶段我会调整我的选择，给你造成的伤害我很抱歉。"另外一个同伴给被试的纸条是："我觉得这个游戏蛮刺激的，电击应该没什么伤害吧，所以高低强度我都给你选了一些。"我们发现，不管是男性被试还是女性被试，他们会在第二个阶段对道歉的被试施加高强度惩罚的比例要低于不道歉的那个人。换句话说，他人道歉会使人的行为发生变化。那么，道歉会使人的态度、情绪发生变化吗？我们用了心理学的内隐联结测验来测试女性被试和男性被试对于道歉和不道歉内隐态度的变化。结果发现，男性被试对于对方道歉还是不道歉根本无所谓，没有差异，甚至倒过来；而女性对道歉被试的内隐态度会更好一点。这也符合前面的实验，女性更容易受到外界的影响。别人跟她说一些好话，她马上就心软了，态度就变化了。而男性虽然也会降低对道歉被试的惩罚，但是他的态度没有变，甚至会倒过来。

　　除此之外，情绪反应还有文化的差异。虽然前面提到全人类的基本情绪基本一致，但还是有很多细微的差异。在情绪的表达方式上就有文化差异，如"OK"手势，在美国的文化中这代表"好的"的意思；在法国，这代表骂他；在西西里岛，你要是做这个动作，就是说你是笨蛋。所以，同样的姿势，表达的情绪不一样。另外，一些研究证明，东、西方文化情绪的抑制程度不一样。在实验中，让被试看一个与情绪有关的电影。一种情况是被试单独看，另一种情况是被试与他人一起看。我们记录这两种情况下，被试情绪表达的差异。研究发现，东方人在和他人一起看电影时，会抑制自己的情绪，不会让情绪表现出来；但是自己单独看时，情绪反应会更强烈。就像听课一样，如果我在课堂中讲得快了，在西方，学生可能会大声喧哗、反映；而我们的学生，一般就是默默地听着。

四、情绪的脑基础

现在很多人说要开发右半脑，提高情绪智力。大家已经有了一般的认识：右脑是管理情绪的，左脑是管理理智的。在某种程度上，这个话是对的。如果更精确一点，左脑对正性情绪更加敏感，右脑对负性情绪更加敏感。所以，我们的右脚比左脚更怕痒，就是因为右脚是左脑控制的，左脑管理正性情绪。

哪些系统会对情绪有反应呢？第一个是杏仁核，很早的研究就已证明杏仁核与情绪有关，特别是与恐惧情绪密切相关，只有杏仁核被激活，才能支配大脑其他部位的活动，做出是逃跑还是战斗的决定。有什么证据呢？有些证据来自动物研究，研究人员给动物电击，并将电击行为与光结合，多次反复以后，给动物呈现光时，它就会感到害怕，会产生躲避动作。如果把动物的杏仁核损坏后，那么它就没有这种预先的躲避动作了。也有与人相关的研究，实验人员观察、直视或凝视被试的眼睛（眼睛注视某种程度上也是一种威胁），通过核磁共振成像观察他的杏仁核反应，发现在不同的情况下，杏仁核的反应程度不一样。

还有研究是让杏仁核受损的病人去观察别人的面孔，正常人一般会观察鼻子、眼睛等部位，更多的注意力会放在眼睛上，因为眼神可以表达情绪。但是杏仁核受损的病人很少看人的眼睛。实际上，有些情绪控制能力较差的人，可能也会有这样的表现。比如，孤独症儿童就不太会去看别人的眼睛，这也是因为杏仁核功能的差异。

我的学生做过一个这样的研究，他们找了一些害怕蜘蛛的人，让被试躺进核磁共振的仪器里，并让蜘蛛逐渐靠近或逐渐离开他的脚（被试可以通过镜子看到蜘蛛的情况），观察被试的情绪反应。从行为结果上看，蜘蛛靠得越近，他就越害怕。从大脑的反应来说，当蜘蛛逐渐靠近被试的脚时，他的中脑和扣带回越来越活跃，它们都与情绪反应、情绪调节有关。当蜘蛛逐渐远离被试的脚时，他的眶额回越来越活跃，这个脑区表达了一种安全的信号。如果把这两个条件稍微减一减的话，就会发现杏仁核在活动。很多研究都已证明，杏仁核跟其他一些脑区共同活动决定了行为反应。

还有一些研究证明，杏仁核不只是对恐惧有反应，它对正性情绪也会有反应。如有研究者发现，外向性格和杏仁核活动相关。

脑岛也是一个跟情绪有关的重要区域。脑岛是身体反应、认知反应和情绪反应的交界面。脑岛主要跟厌恶有关系，假如你看到一张很肮脏的厕所图片，脑岛就会活动；或者你吃到一个恶心的食物以后，这个地方也会活动。我们在道德上也会有厌恶，会不会也是利用了同样的生理系统的反应呢？有研究者研究了人的生理厌恶是否会诱发道德厌恶。这个实验有三种情况，一种让被试喝瑞典一种苦药（因为一般人很厌恶苦的东西），第二种是喝矿泉水，第三种是喝甜的东西。然后让被试做道德判断的任务。结果发现，在判断同样一种行为时，被试喝了苦药之后，他认为这种行为更加值得厌恶。也就是说，生理厌恶诱发了道德厌恶，但这对保守的人士（如美国的共和党）的影响更大，对自由派、无政府主义者的影响更小。

还有一些研究也很有意思，就是研究道德纯洁和身体纯洁是否相关。一个研究是让被试回忆做过的不道德的事情，或者读一段以第一人称写的不道德的行为；另外一组写道德的行为。让他们做什么任务呢？第一种情况是让被试填字，比如"w_sh"，可以填 wish，也可以填 wash。研究者观察回忆或读道德或不道德的行为，对填字的选择有没有影响。第二种情况是选择礼物，做完任务后让被试选择橡皮或铅笔。结果发现，前面回忆或读道德或不道德的行为，会影响被试的选词或选择礼物。所以有人说，当我们做了坏事以后，我们会希望通过身体的洁净来改变内心的不洁净。

我们在生活中还有很多的情绪的应用。我们的情绪状态也与很多精神疾病、生活质量相关。我们甚至可以在很多美国电影中看到，上卫对新兵都非常穷凶极恶。为什么这样？是因为那些美国的军官们都很邪恶吗？不是，而是他们通过这种凶狠的行为，来培养士兵在紧急状态下保持镇静的能力，所以这是一种训练方式。

另外，情绪还可以用于测谎。当然现在测谎结果没有作为法律证据，但是警察在破案的时候经常会用这种方法。当人处于某种情绪状态的时候，自主神经系统会不由自主地发生活动。比如，你紧张时心跳会变快，皮肤会冒汗。所以通过记录脑电、皮肤电阻或心跳变化，可以来推断一个人有没有撒谎。没有撒谎当然没有任何特别的反应。我记得很多年前我看过一部电影叫《蛇》，年轻人可能不知道。电影讲苏联派了一个间谍，他假装叛逃到西方。但是这个"叛逃者"受过专业训练，所以美国中央情报局做了很多的测谎测验，都测不出来。这个电影还是很有意思的。

跟我们个人生活有关系的，有一个很重要的概念叫情绪智力，即情商。情商实际上是一种综合的能力，包括感知、运用、理解和管理情绪的能力。情商的高低在很大程度上决定了我们在社会上能不能生存得更好，或者能不能成为成功人士，甚至是恋爱能不能成功，追不追得到心仪的女孩，等等。通过心理学的研究，情商有四个主要的部分：一是感知能力，就是了解自己和他人情绪的能力。二是运用能力，就是能够根据他人的情绪状态做出决策判断。三是理解能力，理解情绪反应背后的一些含义，甚至一些社会意义。我们经常说情商高、情商低，实际上很多情况下是指一个人在日常交往中能不能理解别人情绪反应背后的含义。四是管理情绪的能力，比如，如果你的朋友对你做了不好的事情，你能不能冷静下来。这种能力可能跟人的基因有关，但更多的是跟人的知识、生活经历有关。所以，通过学习心理学或者学习情绪的相关知识，可能会有助于提升情商。

除了基本情绪外，还有很多的社会情绪，社会情绪是更加高级的人际交往的情绪。社会情绪有如下特点：第一，它是从人际交往中产生的；第二，它会影响人的社会行为；第三，它与人的更高级的道德判断、道德决策有关。社会情绪有很多，如内疚，我们对别人做了不好的事，会感到内疚，甚至因为知道做了这件事之后会感到内疚，就不会去做这件事了，所以内疚是一种正性情绪。除此之外，还有感激、嫉妒等社会情绪。

如果我们要研究社会情绪的神经基础应该怎么做呢？我们现在常用的方法就是核磁共振，让被试躺到机器里，看一看他在完成某个任务的时候大脑到底是怎么活动的，或者他产生某种情绪反应的时候，他的大脑中哪些部位在活动，我们通过这些部位的活动来推断这个部位是某种情绪的神经基础。

我们做了一个研究，就是想了解人在谈恋爱的时候，大脑是怎么活动的。这个研究要找到合适的被试比较难，所以我们用的方法是让被试读故事，让他把自己想象成主人公。有几种场景：一种场景是，你心仪的女孩还没和你确定关系，你还在追求她，当女孩和另外一个你熟悉的男孩在聊天或交往的时候，你有什么感受？另外一个场景是，你和这个女孩确定了恋爱关系后，这个女孩还跟别的男孩交往，你会有什么反应？研究发现，嫉妒程度和对幸福的期待密切正相关。如果你对恋爱关系期待越高，那么你就会越激动，这个结果符合我们的常识。在确定恋爱关系的时候，奖赏系统会活动，所以谈恋爱是正性的情绪体验，让人感到愉悦。嫉妒也是促进亲社会行为的情绪，当人嫉妒的时候，奖赏系统也会活动，这个可能跟一般人想象中的不一样。另外，人进行愉悦的活动时，眶额回内侧额叶也会活动，说明愉悦的活动也是让人感觉到安全的。

以上是通过想象的方法做的实验，当然这种方法有很多的缺点，想象毕竟不是真实的体验。所以我们还做了一些其他的研究，如关于内疚的研究。关键是怎么在嘈杂的环境下（核磁共振仪中是很吵的）做这些研究呢？我们的做法就是玩游戏。社会心理学已经确定内疚是一种典型的促进亲社会行为的情绪，促使过错方请求原谅、修补关系。

我们希望通过研究找到以下三个问题的答案：第一个问题是内疚是怎么产生的？第二个问题是内疚情绪会如何影响后续的行为；第三个问题是内疚的情绪是否与个体的大脑发育、神经细胞多少有关？

具体实验过程如下：让被试找几个人通过网络一起玩游戏。四个人抽签决定哪一个人进入核磁共振仪中，另外三个人通过网络在外面跟仪器中的被试一起玩游戏。玩什么样的游戏呢？就是让他们数点数——屏幕上有一些白点，成像的时间很短，让他们判断白点的数量是大于 20 个还是小于 20 个。一般情况下，他们是做不对的。但是他们不知道自己做得对不对，我作为研究者，可以操纵结果，可以告诉他们做对了或做错了。具体规则是，每次都会有一个人与仪器中的人随机配对，配对以后就玩数点数的游戏。如果两人都做错或都做对，那么什么事情也不会发生；如果任何一方做错了的话，外面的人就要被电击。你想象一下，如果外面的人自己做错了，仪器中的被试做对了，仪器中的被试可能觉得自己责任不大；但是，如果仪器中的被试做错了，导致对方被电击，他会不会感到内疚呢？

所以，我们感兴趣的是，当外面的人做对了，仪器里面的被试做错了，以及双方都做错的情况下，在仪器中的被试的大脑活动有什么差异。我们后面还跟了一步，我们会问仪器中的被试：你在多大程度上愿意帮对方分担疼痛，你可以选择 0—3 级疼痛的程度。如果他选择帮对方分担，那么我们也会电击他。在研究过程中，什么情况下这个被试最愿意帮对方分担呢？是自己做错、对方做对的情况。最不愿意帮对分担的情况是：对方做错了，但自己做对的情况。

我们最感兴趣的还是大脑是如何活动的，发现是两个脑区在活动，一个是前扣带回，一个是双侧的脑岛。我们推断，这几个脑区就是产生内疚情绪的关键脑区。后来我们把疼痛的信号取消后，发现前扣带回是真正产生内疚情绪的重要脑区。我们将内疚情绪和帮对方分担疼痛的指数做了相关后发现，前扣带回的灰质密度、神经细胞数量与愿意帮对方分担疼痛的指数相关。

我们还进行了进一步的研究，如果被试跟对方做了这个游戏，对对方产生了内疚情绪后，他是更愿意与他亲近，还是不愿意与他亲近？结果显示，如果被试对对方产生了内疚情绪后，是不愿意再与这个人亲近的。你看离过婚的人就知道，他是不会跟前妻进一步交往的。为什么？因为这会让自己想起痛苦的经历。那么怎么来证明这一点呢？玩完游戏以后，让被试观察别人的面孔图片，其中一组是让被试产生过内疚情绪的，另一组是没有让被试产生过内疚情绪的，我们通过眼动仪观察被试的眼睛看面孔的什么地方。研究结果是，相对于没有让被试产生过内疚情绪的人的面孔，被试更不愿意看让他产生过内疚情绪的人的面孔中的眼睛。因为眼睛是心灵的窗户，眼睛更能反映情绪，被试避开让他产生过内疚情绪的人的面孔中的眼睛，实际上说明他不愿意和这个人交往。

如果强迫被试必须看眼睛，那会有什么反应？我们让被试看眼睛的时候，记录了他的皮肤电反应，皮肤电阻反映了自主神经系统的活动，也有研究证明皮肤电反应跟杏仁核活动密切相关。结果显示，如果强迫被试必须看眼睛，相对于看没有让其产生过内疚情绪的面孔的眼睛，面对让其产生过内疚情绪的面孔的眼睛时，他的皮肤电反应更强。但是如果让被试看鼻子，那二者就没有差别，甚至会反过来。大家可以再想一想，如果是你感激的人，如帮过你的人、救过你命的人，那么你是愿意跟他亲近，还是不愿意跟他亲近？没有人做过这个研究，我想让我的学生做，一年了他们也不想做。我怀疑这个可能有文化差异，在我们的文化中，可能别人帮了你，你就欠他的，那你会愿意跟他交往吗？我想不是很愿意，因为你老是会有欠债的感觉。当然，这是我的猜测。

情绪是一个多学科的研究课题。如计算机科学的情感计算，我也不知道这个情感计算到底是什么，但是对于计算机科学显然是很重要的课题，自然科学基金委都有重点支持的项目。又如，情绪与精神疾病的关系，恐惧或抑郁会造成精神疾病，北大第六医院的陆林老师做了一些相关的很有趣的研究。同时，情绪也与社会和谐有关。要真正理解情绪，需要各个层次、各种研究方法的综合应用，可以从基因，到行为，到个体，一直到社会。

2015 年 12 月 14 日

（根据讲座录音整理，已经本人审阅）

第六讲
关于"自我"的哲学、心理学和神经科学思考

韩世辉

作者简介

　　韩世辉，北京大学心理与认知科学学院教授、博士生导师，北京大学 McGovern 脑研究所研究员。曾任北京大学心理与认知科学学院学位委员会主任。曾获得国家杰出青年基金，中国青年科技奖，中国高等学校科学技术奖（自然科学奖）二等奖。主持完成国家科技部重大基础研究前期专项，国家基金委重点项目、重大国际合作项目和 973 项目子课题。主要研究感觉经验、文化经验、社会组群关系和基因如何影响人类的社会认知（包括自我面孔识别、自我参照加工、痛觉共情、死亡意识等）及神经机制。在国内外知名期刊发表学术论文 200 余篇，出版学术专著多部。

内容介绍

　　"自我"是人类思想的核心内容之一。哲学家对"自我"的存在和内容有很多思考和命题。心理学家对"自我"的认知机制做了大量实验研究，发现人在一定社会和文化环境下的普遍和特异的"自我"加工过程。认知神经科学家也试图发现人类大脑中"自我"加工的神经机制及其社会和文化属性。韩世辉教授在讲座中介绍了在哲学、心理学和神经科学领域，人类的"自我"概念及其加工机制的研究和观点，探讨这些研究结果和观点与每个人生活的关系及影响。

视 频 节 选

我之所以选择这个题目来跟大家交流、探讨，一方面是因为它跟我的研究有关；另一方面是源于几年前，我的老师给我推荐的美国罗伯特·所罗门教授的《大问题》这本哲学书中提到的"自我"。所罗门教授在书中列举了很多大问题，这些大问题是对每个人都很重要的哲学问题，其中一个主题就是"自我"，此外还有诸如什么是真理、什么是好坏等。我当时看完这本书后就觉得"自我"是一个很重要的问题，而近几年我的研究又正好是结合了神经科学，针对"自我"的研究。所以，今天非常高兴有机会跟大家进行分享。

一、关于"自我"的哲学思考

"自我"被公认为是哲学问题，心理学领域的老师来研究这一问题的话，自然就会有人怀疑我们能否胜任这样的研究。所以在跟大家交流的时候，我可能会谈一下有关做科研时如何选题的问题。大家应该都见过不少心理学的实验，比如网上的各种心理测试，测你的男朋友、女朋友、运程、性格等。在今天的讲座正式开始之前，我们也来做一个小小的实验。现在，请在座的同学坐直后靠到椅子上，然后把一件东西，如笔、手机等，放在你前面的桌子上，让它正对着你，接着把你的手放到腿上，听我的指令。首先，请用你的右手食指指一下你的鼻子，然后放下；其次，再用你的右手食指指一下你刚才放在桌子上的东西，然后放下。到此，实验就结束了。我要问大家一个问题：在上述动作中，有多少同学指错了？几乎没有！这其实就是一个关于"自我"的小实验。当我说请用你的右手食指指你的鼻子时，在每个人的头脑中，那个"我"的概念都是一样的，没有人会理解错。这其实就是一个"自我"的概念，也即"自我"是确定存在的。但"自我"到底是什么意思呢？它又有怎样的深层含义呢？从心理学角度来讲，这就是我们怎么认识"自我"，什么叫"自我"的问题。"自我"是什么意思呢？"自我"有哪些特质、特征？更进一步讲，我们想知道大脑是怎么知道"自我"的？大脑怎么思考"自我"的？所以，我想就此把自己的一些思考和大家交流一下。当然，至于我说的有没有道理你们自己思考，我只是告诉大家，我们现在正在做的一些工作。

人是可以思考的动物，你每天睡觉前躺在床上时，会想些什么呢？大多数时候我们都是想与自己有关系的问题。我们在座的有些同学可能会想：我为什么要到北大来受几年苦？我毕业之后要干什么？我明天要做什么？明年要做什么？人思考得最多的内容之一可能就是跟"自我"有关的事。也许有同学会说，我不是，我就不想自己，我就想遥远的星球是由什么构成的。当然你有可能是物理学家或天文学家。但是，我觉得大多数人想的还是跟自己有关的问题，这个大家也许会赞同。

"自我"这个概念还给我们提供了直接知觉世界的理论框架。举个例子，当我说请大家看左边的屏幕时，可能大多数人甚至绝大多数人都会用自己作为参照系，很少有人会用别人作为参照系来看，我说的看左边，其实是让你看我的左边。20世纪60年代，美国心理学家詹姆斯·吉布森在看见飞机落地的时候，周围的东西会飞速后退，就是光会往回流动。他就开始研究我们怎么理解世界，他提出了一个看法，我们的视觉实际上提供了一个重要的加工内容，就是什么是"我"和什么是"非我"。简单来说，我们每天醒来时，对于看到的东西，哪个是"我"，哪个不是"我"，这是很清楚的。这是一个很重要的信息加工源。人要有一个"自我"的概念，至少要知道"我"是谁。可能平时大家不太会去思考这个问题。

美国有一部电影叫《楚门的世界》，这个电影很多同学应该已经看过了，电影的大概内容是：一个叫楚门的人从小被一个导演放到一个岛上，楚门所有的生活都在这个环境里，他从小上学交的朋友、长大后交的女朋友、结婚的妻子，都是演员扮演的。他的生活被 24 小时直播，但他自己不知道。这个电影很有意思，开始的时候楚门觉得自己的生活非常幸福，他每天高高兴兴的，因为他有很好的朋友、有太太、有很好的工作；后来他发现有些不对劲，觉得自己的生活有点问题；最后他知道这个不是真实的世界，而是被导演造出来的世界时，他很痛苦，所以他想逃跑。他走到他一直生活的影棚的门口时，在这个重要的时刻，他最关心的问题是什么？他问了导演两个问题：Who are you？Who am I？实际上，最主要的问题就是"我是谁"。这意味着即使一个人生活在一个很好的环境里，但是当他发现他不知道自己是谁时也会感到很困惑。我们经常听说被领养的孩子，总会深刻地思考自己是谁。所以"我是谁"这个问题对于每个人都很重要。

在生活中，我们可能会碰到很多关于"自我"的问题。例如，我将来要做什么？我将来要过什么样的生活？我觉得这些问题都很重要，会影响你未来的职业选择。

在关于"自我"的哲学思考中，有一个问题是哲学家们经常思考的：有没有一个不变的东西叫"自我"？比如，我睡了一觉，做了一个很美好的梦，梦中与现在的生活完全不同，但醒来之后，我还是我，我没有开上好车、住上豪宅。还有一个人年幼时和年老时的外表几乎没有什么特征是一样的。如果做一个实验，给你一些5岁小孩和70岁老人的照片，让你去配对，我觉得正确率会很低。所以从身体来看，"自我"的变化是很大的。我们每天都在新陈代谢，身体也在不断变化。

我再举一个例子。有的同学说自己实际上是挺内向的人，但为了适应某种社会环境，在和他人进行社会交往时要表现得很开朗，然后你回来说：我今天怎么了？我还是我自己吗？所以，"自我"的社会角色也会经常发生变化。那么，有没有不变的"自我"呢？

哲学家怎么思考这个问题呢？德国古典哲学创始人伊曼努尔·康德曾经说过："自我"并不是实体。他认为，如果我们可以思考"自我"的话，那么一定有一个被思考的对象，且一定有一个对象来思考这个被思考的对象。大家想一想这个逻辑：如果有"自我"的话，那么它还会被"自我"来思考，那么思考"自我"的那个"自我"，又会被别的对象思考。所以，"自我"不可能是一个实体。英国哲学家约翰·洛克对此也有自己独特的看法，他认为"自我"实际上就是记忆。想象一下，如果某天早上起来发现自己失去了所有的记忆，那我还是我吗？我觉得他的观点有一定的道理。我现在回想，自己跟20年前的"自我"如果还能保持某种联系的话，那就是记忆了。笛卡儿有个著名的理论"我思故我在"，他认为，一个人可以思考，这件事本身就是证明"自我"是存在的。咱们北大的哲学家张世英教授综合了佛教和一些西方哲学家的看法，从关系的角度去寻找、定义什么叫"自我"。他认为，大千世界中存在一个很复杂的网络，每一个所谓的"自我"只是这个网络上的一个结点，所以他强调每一个人与他人的关系。以上是一些哲学家关于"自我"的思考。当然，不同的人会有不同的看法。

我提供几个问题供大家思考：对你来说什么是最重要的？假设你今天

有很多财富,明天突然没有了,"自我"变了吗?如果记忆突然没有了,你还会存在吗?大家可以思考一下,我觉得不同的人会有不同的看法。

佛教对"自我"也有独特的看法,佛教认为"自我"实际上就是一种幻觉,是不存在的。一旦提"自我",就是将自己和外界分离,这个分离本身就是一个错误,是导致我们痛苦的原因之一。禅宗里面有一个形象的说法,所谓的"自我"是什么呢?就像有一池静水,有一个人从这边下水游泳,水面的涟漪就是所谓人一辈子的东西,人游过去以后水又恢复了平静,"自我"的本质就是这样。

二、关于"自我"的心理学思考

我们心理学研究的是每一个个体、每一个对象,参与实验的人叫被试。那么我刚才做的实验,相当于大家都是我的被试。通过这个实验,我在一定程度上证明了,每一个人都知道"自我"这个概念指的是什么,因为我说指鼻子的时候,大家指的是自己的鼻子,没有指到别人的鼻子上去。那这个实验已经很好地证明了"自我"是存在的。

还有一个关于"自我"的基本看法,就是每个人都会认为自己在某种程度上、某种意义上是好的,虽然这种判断有时候听起来不是那么理性。如果让北京的司机评估一下自己的驾驶技术在全北京的司机群体中处于什么样的位置,你会发现,有很多人都会说自己的驾驶技术在平均水平之上。这是很多次实验的结果。

美国心理学家威廉·詹姆斯认为,人之所以认为"自我"是好的,是有原因的。他认为,一个"我"认为"我"是好的这种想法,成为"我"自己要生存的一个基本理由。即为什么要生存?因为"我"是好的。那么,还有哪些实验证明了这一说法呢?

不知道大家有没有听说过内隐联想测验？内隐联想测验是20世纪70年代美国研究者发明的一种实验方法。如何用内隐联想测验证明一般"我"认为"我"是好的呢？很简单，给被试看"自我"和"他人"这两个词，然后还给被试一些正性形容词（如勇敢、善良）和一些负性形容词（如吝啬、迟钝、愚蠢），最后让被试判断这个形容词是否可以形容"自我"或"他人"，他要用左手或右手按键去做出判断。实验发现，如果让被试用左手对"自我"做判断，那么他的左手对正性的形容词的反应会比较快，对负性的形容词反应比较慢。因为他们把正性的词语跟"自我"做了一种连接，所以反应会比较快。

还有一个例子是"自我"面孔的实验。我们给被试拍一些照片，比如拍他的脸是朝左的。然后实验的过程我们给被试看自己的照片和他熟悉的朋友的照片。任务很简单，就是让被试判断照片中的人脸朝左还是朝右，我们发现，被试对自己面孔的判断会比对朋友面孔的判断快。这个是一个基本的发现，十个人中可能有九个人是这样。

这种对"自我"的快速反应，可能反映了我们对自己某种正面的态度，就是我们认为自己是比较好的，虽然我们不会跟朋友说，但内心觉得自己还不错。那怎么检验这种反应的差别呢？我们做了一个很简单的实验，开始这个实验之前，我们让被试反思自己的缺点，并给他看一些负性形容词，如迟钝、吝啬，问他们觉得这个词是否可以描述自己。当然这个时间不用很长，三分钟就够了，之后再进行面孔实验，就会发现这个时候被试对自己的反应比对朋友的反应慢，与之前相比明显发生了变化。

这种对"自我"反应的变化也发生在现实生活中。不知道大家有没有这种类似的经历，如果读五年制的博士，到了第一年或者第二年的时候，很多人就会反思或找导师讨论自己适不适合做科研，会对自己产生怀疑。

一开始我还觉得这是个案，后来我发现至少我们实验室的大多数同学都有过这种想法。而那些坚持认为我很棒，不管平时被拒绝几次还觉得自己很棒的人可能还是比较少的。

还有一个有意思的实验，这个实验我觉得是让导师感到比较惭愧的实验。这个实验是这样的：把一个同学自己的照片和他的导师的照片放在一起，然后让这个同学去做反应，就发现他对"自我"的判断比对导师的判断慢了很多。我们找了二三十个同学来做这个实验，我发现至少心理学院的同学表现都很一致，大家都表现出：如果把自己的照片和导师的照片放在一起的话，他们对自己的照片反应比较慢。这个实验被一位学生称为"Boss Fast"。

通过这些实验我想说，大家每天对"自我"的看法，可能会随着社会环境、社会关系的变化而发生很大的变化，这不仅针对年轻人，对年龄比较大的人也不例外。到四五十岁的时候，我的论文总被拒稿的时候，我的心里也很难受，也会反思自己到底行不行。所以，社会反馈（Social Feedback）对人的"自我"概念会有很大的影响。

前面提到记忆是"自我"很重要的部分，关于"自我"的记忆，在心理学上称为自传型记忆（Autobiographical Memory），也称为自我参照记忆、自我参照加工等。我们做过一个实验，也是让被试看一些人格的形容词，如善良、勇敢、健谈，然后问被试：你觉得这些词可以描述你自己吗？这就叫自我参照。对方可以回答：可以或不可以。然后把其他形容词给他，并问他：你觉得这个词可以描述刘翔（也可以是其他人）吗？做完这个实验之后，我们拿一些没有给被试看过的词和给他看过的词放在一起并问被试：这个词你见过没有？我们发现，对大多数人而言，如果这个词与自己有关，是可以描述自己的时候，那么他会记得比较好；如果这个词描述的是别人的话，那么他记得就比较差。所以这个实验证明了我们会对关于"自我"的信息进行特殊的加工。

詹姆斯在一百多年前就提出，关于"自我"的概念是多方面的。如物理方面，你的头发是黑的吗？你的身高很高吗？又如社会角色方面，你在北大是研究生，回家之后和父母在一起你不会总觉得自己是研究生，所以人的社会角色是会变的。我也一样，在北大当教授，回家跟家人在一起时，我不会觉得自己是教授，只会觉得我是家里的成员之一。再如精神的"自我"，我是善良的吗？我是勇敢的吗？……这些问题想想也的确是比较复杂的问题。比如，我问一个同学：你觉得另外一个人怎么样？即使那个人是他比较熟悉的朋友，可能也不会反应得那么快。但是如果问他：你是勇敢的吗？你是善良的吗？大家一般都用不了一秒钟就可以回答。每个人对自己都有一个清楚的认识，可能这个认识不一定客观，但说明每个人都有关于"自我"的概念。

关于"自我"概念的研究中有一个很重要的问题："自我"概念是否有文化差异性。从20世纪七八十年代开始，从事文化心理学设计的研究者们做了很多实验，收集和发现了很多证据，得出基本的结论就是：东方人和西方人的"自我"概念有很大差别。实际上，不同文化背景下的人的行为是不一样的，这背后很大一部分原因是"自我"概念在起作用。西方文化中的"自我"是自主的、独立的"自我"。每个人都有自己内在的品质，有自己的欲望，有自己的计划。我要做什么，很大程度上取决于我自己想做什么。而东方文化包括中国、日本、韩国等国家的文化中的"自我"比较强调关系，在很多情况下，我们会用跟别人的关系来证明自己。比如，你现在到中国比较传统的农村去找一个人，让他用五句话描述他是谁，他可能有三四句讲的都是他与别人的关系，会用各种关系来定位自己，如某某的儿子、本村的村主任等。而如果用类似的问题去问西方人，他可能会说自己是一个勇敢的人，描述的是内在的品质。这种关于"自我"的文化差异性是有证据的。我不知道有多少人在高考选志愿的时候，父母没有给你任何的干预，是完全自己独立选择的。我的一个亲戚的小孩特别喜欢英国文学，他爸爸说："不要学那个，去学会计吧，会计好找工作，学文学怎么找工作啊！"实际上这些社会行为有一个很强的概念，就是你是我的孩子，你实际上相当于是我的一部分，我要对你负责任。但是在西方文化中这种情况可能会很少，美国的学生选专业的时候，他们的父母很少会有强烈的干预。你想学数学就去学数学，父母也尊重你的选择，找不到工作那也是你自己的事情，跟父母没有什么关系。我曾参加过美国一个家庭的生日派对，是他们的孩子过生日，孩子的外公、外婆、舅舅、舅妈都来了，然后一家人一起吃饭。让我觉得特别吃惊的是，吃完饭之后，大家很自然地开始算账付钱，在中国谁会付钱？可能会是孩子的外公外婆，也可能是孩子的爸爸妈妈，但很难找到中国家庭在外面吃完饭是外公外婆付自己的钱，爸爸妈妈付自己的钱，然后舅舅舅妈付自己的钱。你仔细想一想，中国人为什么接受不了这种方式？大家可能觉得我们是一个家庭，分开付账这件事情本身就是对东方人观念的强烈冲击，如果这样做的话，肯定有人会说这个家庭有问题，爷爷奶奶跟儿子有矛盾，或是其他的理由。所以，不同文化背景下的"自我"概念，让人会有不同的社会行为。这是生活中的一个例子。

有心理学家根据很多发现和实验提出：西方的"自我"概念为独立型的"自我"概念，意思是我与他人有很明确的界限，我就是我，你就是你，就算你是我的父母，我们之间也是有界限的。东方的"自我"概念为相依型的"自我"概念，强调我与他人是有关系的，我跟他人在某种意义上是有交集的，特别是与自己亲近的人，如父母。"自我"概念的文化差异性是可以用实验来证明的，前几年，美国的一个教授到我们实验室来做实验，他知道前面提到的"Boss Fast"这个实验的结果时，就想看看美国的学生会不会也有同样的反应。他就找了几个美国的研究生，将他们自己的照片和他们导师的照片放在一起，做一样的实验。结果发现美国的学生就没有这种反应。所以这就是"自我"概念在不同文化中的差异。

三、关于"自我"的神经科学思考

大约从 1999 年开始就有研究者尝试从神经科学的角度来讨论哲学家和心理学家关注的问题。就"自我"来说，他们所关心的是：大脑怎么思考"自我"？"自我"概念会不会在大脑中形成一些人类特有的神经活动？之所以能做这些研究，要归功于 20 世纪中期科学家发明了核磁共振技术，让研究者可以在人进行思考、产生行为、做出判断的时候，观察他大脑的神经活动的变化。我给大家介绍两个实验的例子。

一个实验是研究者让被试看一些自己的照片，看一些朋友的照片，然后让他判断脸的朝向。研究发现，被试在看自己照片时，大脑的右侧额叶的活动会明显增强。

另外一个实验是关于抽象的"自我"概念。研究者先问被试一些关于"自我"的问题，如：你勇敢吗？你吝啬吗？你聪明吗？等等。被试在这时候会反思。然后研究者再问被试关于美国时任总统小布什的问题：你觉得布什总统怎么样？这个人是不是话多？是不是很愚蠢？是不是很聪明？等等。让对方做出判断。研究者发现，在想自己的时候，大脑内侧前额叶的信号会明显增强。这个实验被很多研究者重复过，我们实验室也做了很多次，西方被试、东方被试的实验结果都差不多。所以，我想这也说明"自我"的确是很重要的，人的大脑中有明显的表征来区别"自我"和"他人"。研究者们通过这些实验找到了科学证据证明"自我"是存在的，在人的大脑中存在思考"自我"的独特的神经活动。

另外，当我想自己的身体特征（如黑头发、黄皮肤、胳膊很长、脚很大等）、想自己的人格特征（如善良、勇敢等）和想自己的社会角色（如我是教授、我是研究生等），大脑的活动是一样的吗？我们通过实验发现，被试想到身体特征、人格特征和社会角色，内侧前额叶的活动都会增强；但被试想到"自我"的社会角色的时候，大脑顶叶交界处的活动也会增强，而且这种增强活动在中国被试中表现是比较一致的，当被试是丹麦人时，他们的大脑就没有这种活动。可能当中国人说我是教授（或其他社会角色）时，会关心别人想我是什么样的人，大脑顶叶交界处这个脑区参与理解别人的心理活动。总而言之，神经科学的证据证明"自我"是存在的。

"自我"概念到底是怎么来的？我主要用一些神经科学的研究结果来探讨这个问题。从事发展心理研究的研究者发现，小孩在一岁左右照镜子时，可能不太知道镜中人是谁；当小孩大概到了两岁左右照镜子时就开始能识别"自我"了，如果你在这个孩子额头上点一个红点，他从镜子中看到后，会去指、去抓、去擦额头上的红点。这种行为实际上不是人特有的，现在已经发现，动物也有这样的行为。如果让黑猩猩照镜子，并在它脸上涂点颜色，那么黑猩猩也会通过镜子来指导自己的手去抓脸上的东西。如果黑猩猩没有"自我"概念，不知道镜子中的形象是自己的话，那么它应该抓镜子。不仅是黑猩猩，亚洲象也会有如此表现。在大象头上用粉笔画一个白圈，大象会照着镜子，用鼻子去碰脸上涂的白圈。由此可见，"自我"概念也许不是人类特有的，动物可能也会有。

关于从神经科学的角度来看人为什么会形成"自我"概念，我主要想讲三个方面：感觉经验、文化差异、基因。

大脑中的神经元会随着感觉经验的变化而变化。我给大家举一个例子，当我们看到红的颜色、硬的东西，大脑的枕叶这个脑区的活动会增强，因为这个区域是基本的加工视觉信息的感觉皮层。大家想象一下，如果一个人生下来就是盲人，他没有任何的视觉经验，他的大脑的功能组织会是什么样的？他会不会也跟正常人一样呢？有人做过相关研究，发现盲人用手触摸盲文时，枕叶会被激活。这跟正常人是很不一样的，枕叶与视觉信息有关，而正常人触摸的话，大脑的中央后侧会被激活。这个实验说明人的感觉经验很重要，有什么样的感觉经验决定了大脑的功能。也就是说，大脑的脑组织功能到底是加工视觉还是加工触觉，取决于人的感觉经验。

首先，感觉经验对"自我"概念的形成是否很重要？我们给被试看或听勇敢、善良、吝啬等词语，请他判断这些词语可不可以描述自己。实验发现，如果给被试看这些词语时，大脑中和"自我"有关系的脑区的活动会明显增强。但是如果给被试听这些词语时，相关脑区就没有发现独特的与"自我"有关的神经活动。同时，我们针对盲人做了一个同样的实验，只让他们听这些词语，此时他们大脑中与"自我"有关系的脑区的活动与给正常被试看这些词语时，相关脑区的活动是一样的。这说明感觉经验对"自我"概念的塑造有很大的影响。

其次，能不能从神经科学的角度找到一种神经活动模型能够对照"自我"文化差异的心理学模型？我们做了一个实验，我们在北大找了不到20个中国学生做被试，让他先判断自己是否勇敢，然后判断他的母亲是否勇敢。为什么要他判断母亲是否勇敢呢？因为母亲在我们大学阶段还是最亲近的一个人。所以我想会不会由于文化的熏陶，他们大脑中表征"自我"的区域跟表征母亲的区域有重叠。实验发现，在判断自己和判断母亲时，中国学生被试的大脑中的内侧前额叶活动都会很强。而当被试是西方人时，判断自己时该区域活动也会增强，但判断母亲时，该区域没有什么反应。后来，我们还找了四十五岁左右的中年人做被试，让他们去判断自己的伴侣，然后判断孩子，发现这个区域活动也会增强。所以在中国文化中，同一个家庭的成员可能都会引起"自我"相关脑区活动的增强。我们没有测试过中年西方人，所以不知道他们会不会有类似结果。但在中国文化背景下，"自我"的确与他人有很密切的关系，而这个密切的关系不只是说说而已，而是刻在大脑里。这有神经科学的证据。

后来我们又做了一个实验，我先介绍这个实验的心理学背景。一对中国香港的夫妻，二人都是心理学家，他们提出了一个很有意思的理论：在现在的世界，每个人的大脑里都不可能是单一的、单纯的文化，如只有中国文化或者只有西方文化，每个人的大脑里可能都会有多重文化。比如，大家在大学里，可能看过很多好莱坞的电影，听过外国教授的课，去国外参加过会议，所以大家也接触了很多西方文化。他们认为，因为这样的生活经历，可能会让每个人的大脑里有多重文化。我们平时想"自我"是一种呼应型的想"自我"，因为中国人的大脑是东方文化主导的，那么有没有可能短暂地启动一下人们隐藏得比较深的西方文化？中国香港人有比较典型的双文化背景，非常适合做双文化被试。我们找了一些香港的被试，我们假设：如果启动他的中国文化，他的大脑的活动可能就会更像我们之前实验中的中国被试；如果启动他的西方文化，他的大脑的活动会更像西方的被试。具体操作如下：给被试看米老鼠、贝克汉姆等代表西方文化的图片，然后就问他们，觉得图片代表哪一种文化，大概只要几分钟，就可以启动他们关于西方文化的知识。与此相对的，给他们看李小龙、太极拳、天坛、长城等代表中国文化的图片，启动他们关于中国文化的知识。这个实验是我们做得最贵的一个实验，因为有 18 个人从香港坐飞机来北京。但是实验结果也证明了我们的假设，而且短暂的时间之内，我们启动他的中国文化或西方文化，就可能改变他们思考"自我"的神经活动。换句话说，"自我"概念的加工，很容易受到文化背景、短暂文化知识系统的影响。

最后，我们的基因会不会影响与"自我"有关的神经活动？我们找了对人格特征有比较大的影响的基因来做这个实验。我们找了一个什么基因呢？5-羟色胺受体的启动子基因。这个基因有短型和长型两种类型。现在的研究已经发现，短型的人在人格特征上表现为更容易焦虑；长型的人在人格特征上表现为不太容易焦虑，更加放松。这个基因如果能够影响人的人格特征，那么会不会也影响人的与"自我"有关的神经活动？

所以我们用与之前类似的方法做了一个实验：给被试看一些形容词，如聪明、懒惰、勤劳、迟钝……这些词有正性词，也有负性词。然后我们让被试对这个词符合自己的程度打分。一共是 1 ～ 4 分，分数越高，程度越高，3 分和 4 分是肯定的，1 分和 2 分是否定的。所以，对负性词的肯定与对正性词的否定是一样的。我们关心的问题是：这两种基因类型的人想到或者承认自己的缺点时，会不会情绪不一样？因此我们就问被试，你刚才在给自己打分的过程中，当你想到自己的缺点时，你会有什么感受？短型的人跟长型的人相比，短型的人想到自己缺点的时候是真的很不舒服。那这些在大脑中有什么体现呢？我们发现，短型的人想到自己缺点时，他的大脑中扣带回和岛叶活动特别强，而扣带回和岛叶是人的痛觉感受网络。我们让被试想一下自己的缺点，他的痛觉感受网络就会明显地增强活动。但是长型的人的痛觉感受网络就没有这种活动。这是我们第一次尝试结合神经生物学、基因、心理学、哲学，做的一个交叉研究。这个研究结果提示我们，"自我"概念在一定程度上受基因的影响。

实际上关于"自我"还有很多例子，我觉得有的时候我们需要判断一个人到底有没有"自我"意识是比较难的，如"植物人"。西方人讨论，对于"植物人"是否可以执行安乐死，我们能不能替这个人做决定？我们怎么才能判断这个人已经没有"自我"意识了？现在，研究者利用神经科学结合心理学的方法，也可以来回答这些问题。《科学》（Science）上曾经有一篇文章中就提出了这个问题：我们怎么知道一个"植物人"有没有"自我"意识？这位研究者就用了前面提到的脑成像的方法做了一个实验。具体怎么做呢？他们让一个"植物人"躺在核磁共振仪里，然后请他想自己的家庭，想在自己的家里从厨房到餐厅怎么走。研究发现，"植物人"的大脑也有活动，而且脑活动和健康人很像。这个实验证明，也许这些所谓的"植物人"并不是没有"自我"意识的人，只是说我们不知道他们在想什么，我们可能没有任何理由替他们决定生死。涉及安乐死的话题时，这是一个很重大的问题。

关于"自我"，我觉得有两个问题可能跟年轻人关系比较密切。

第一个问题是：将来的"自我"是什么样子。我觉得每个人都会有近期的目标和长远的目标。当我们给自己设定了一个目标，如果这个目标没有实现的话，大多数人的感受都不太好。我觉得正确认识自己对心理健康很重要，如果给自己设定过高的目标，那么可能会很难快乐。我们怎么样给自己设定合适的目标呢？当自己没有实现理想中的"自我"的时候，有没有办法主动地调整情绪呢？也许大家在生活中已经有过这种感受和经验了。

第二个问题是：人活一辈子的意义到底是什么？我觉得每个人可能都会思考生命的意义是什么，这可能跟如何定义"自我"，如何想当下的"自我"，以及如何想将来的理想中的"自我"有很重要的关系。而且我觉得，"自我"的意义至少受两个方面因素的影响：一方面是自己努力的程度，我们要努力给生命创造一些意义和价值；另一方面是所处的社会环境，生命的意义可能跟我们生活的社会环境有很大的关系。"自我"的意义要靠自己创造，我们要利用好当下的社会环境、社会条件，充分地把自己的某种特质、某种优势发挥出来。

　　总结一下，我今天介绍了一些关于"自我"的哲学、心理学、神经科学方面的发现、思考和结论。我觉得这些发现、思考、结论，不仅对科学研究很重要，可能对每一个人的生活也很重要。今天的讲座如果让你们对"自我"有一点点思考，那么就可以了，就算有意义了。

2011 年 11 月 20 日

（根据讲座录音整理，已经本人审阅）

第七讲

恐惧与勇气

——及其在心理健康中的意义

于 欣

作者简介

于欣，北京大学精神卫生研究所主任医师、教授、博士生导师。现任北京市痴呆诊治转化医学研究重点实验室主任，WHO/北京精神卫生研究与培训协作中心主任，中国老年医学会精神医学和心理健康分会会长，中国医师协会精神科医师分会首任会长。主要从事临床精神医学的医疗、教学和研究工作，在老年期痴呆、老年期精神病和老年期抑郁症方面都有相应的研究成果。同时在情感障碍和精神病早期干预方面也有比较深入的研究。获得科技部科技攻关项目、教育部"985"课题、科技部支撑计划、国家自然科学基金、美国国立精神卫生研究院项目、"211"项目、北京科委脑计划和"973"课题、科技部重点研发计划等资助。在国内外核心期刊发表论文300余篇，主编7本精神病学专著并参加了多部精神科教科书和参考书的编写和翻译。

内容介绍

恐惧是一种最为原始的情绪反应，恐惧与动物的生存本能密切相关。于欣教授通过翔实的案例生动地介绍了与恐惧相关的精神障碍，包括单纯恐怖症、社交恐怖症、场所恐怖症、强迫及相关障碍，以及随着时代发展出现的错失恐怖症等；剖析了恐惧产生的神经机制，讲解了人的大脑中与恐惧相关的脑区及其功能，指出了减轻恐惧情绪和消除恐惧记忆是临床上两种消除恐惧的方式。除此之外，于欣教授还指出人类自带战胜恐惧的力量——勇气，但对于人类深层的死亡恐惧，目前还没有特别好的应对方法。

视 频 节 选

谢主持人的介绍，很高兴有机会跟我们北大的研究生同学进行交流。因为我是精神科医生，所以我会关注人的精神活动的方方面面。当然，我更关注人的精神活动病理的一面，而北大心理与认知科学学院的老师可能更关注人的精神活动常态的一面，这个角度是不太一样的。从精神病学角度来关注人的精神活动的话，不但要关注它的病态的一面，更要关注它可能会形成哪些疾病，以及这些疾病能不能预防、治疗和干预。今天的讲座与我跟医学生做的精神医学方面的讲座不太一样，我会更多地从心理学的视角来做这个讲座，这也是我试图通过北大才斋讲堂做的一些跨界，从精神病学跨到心理学。

一、恐惧是什么？

恐惧是生物体最原始的情绪反应。脑大概有这么几个层次：首先是爬虫脑，爬虫脑就可以感受外界的危险，并调节生物体的生理的反应，如体温，也就是说爬虫脑就有恐惧反应了；其次再往上是哺乳动物的脑；最后再往上才是人类的脑，人脑的前额叶使人有高级的理智，有动机、道德。所以，恐惧在比较低级的生物体中就会产生，它们会出于本能躲避风险、躲避天敌，然后做出相应的反应。恐惧对应的英文单词是"Fear"，它来自内心，是面临危险、伤害与痛苦时的情绪反应。这点很重要，要先察觉环境中的危险，然后产生情绪反应，但更高层次的感受伤害、痛苦等，对大脑能力的要求比较高。有的生物体可能只能感受到危险，或者感受到环境的变化。但是比较高级的生物体，如人，在最亲近的人经历痛苦或者面临挫折时，也会感同身受，并产生同样的情绪反应。

恐惧与生存本能密切相关。恐惧可以帮助所有生物躲避风险，进而得以生存。关于这一点，美国心理学家怀特·坎农提出过一个著名的理论——战斗或逃跑（Fight-or-Flight）理论，就是人在面临风险时，先是察觉到风险，马上从上行网状激活系统提升警觉性，然后分泌大量的肾上腺素，血压上升，糖从肝脏释放到血液中，提升肌肉的动员力量。动员身体是要干什么呢？估算一下自己是打得过还是打不过，打得过就战斗（Fight），打不过就逃跑（Flight）。所以，在面临风险时，不仅有情绪反应，而且要做出决策，这个决策让所有生物得以生存。当然对于有一些相对低等的动物而言，它的选择不一定是战斗或逃跑，它可能是"一动不动"（Freeze）了，突然"僵住"了。像一些小鸟，人突然抓住它时，它瞬间就会不动了，这种不动的行为可能是保护反应，也可能是心脏麻痹了，会导致死亡。养猫的人都知道，猫特别容易受惊吓，如果猫对环境不太适应的话，就可能出现应激反应，表现出的行为也是"一动不动"。

要特别强调的是，恐惧跟恐怖症（Phobia）是不同的，恐惧是心理层面的，恐怖症是病理层面的。所以，恐怖症是一个医学名词，是一种疾病状态，它导致的情绪反应比恐惧更为强烈，也更为非理性，它导致的行为也超出了维护自身安全感的范畴，进入了病态的程度。恐怖症患者可能会对各种不同的对象出现严重的恐惧反应，一般可将这些对象分为四大类的：① 动物，如狗、猫等；② 自然现象，如闪电、下雨等；③ 医学环境，例如，有的人只要听到牙医的牙钻响，腿就发软了；④ 特定场所，如电梯、飞机等。下面，给大家介绍一下具体与恐惧相关的一些精神障碍。

（1）单纯恐怖症。这是最常见的恐怖症，可能每一个人都会有，一般不会影响正常生活，我们只要在感到恐怖的时候，回避令我们感到恐怖的对象就好了。我自己就有尖端恐怖症，只要尖锐的物体对着我的眼睛，我就觉得眼球发胀，有时候我跟我的女儿吃饭的时候，她会将筷子抬得比较高，我每次都要把她的筷子拉下来，因为我感觉到非常不舒服。可能还有人怕毛、怕黑等，但是绝大多数人都不会因此去看医生。当然，如果恐怖的事物与自己的职业密切相关，那么就会给我们带来较大的困扰。比如，如果飞行员怕高，他就不能从事这个职业。我们真的治疗过怕高的飞行员，只要飞机爬升到特定的高度后，他的恐惧就发作了，就必须停飞。

（2）社交恐怖症。社交恐怖症比较常见的情况有三种：第一种情况是害怕当众讲话，当众讲话对于患有社交恐怖症的人来说是一场灾难；第二种情况是害怕当众吃饭，有这种社交恐怖症的人会回避去食堂这类公共场所吃饭；第三种情况是害怕去公共厕所，有这种社交恐怖症的人无法在有人的时候排泄。当然，社交恐怖症还有一些相对更少见的情况，但是对人的影响也更大：如视恐怖，像正常人一般与他人视线接触不超过15秒，都不会感觉特别不舒服，但是对于患有视恐怖的人只要与他人有视线接触，就会像经历了地震一般，身体会感到非常难受，而且伴有极度的惊恐情绪；又如赤颜症，患有赤颜症的人会在自己看别人或别人看自己时脸红，而且会有发热症状。社交恐怖症会导致人的社会交往变得困难。

（3）场所恐怖症。对于患有场所恐怖症的人，很多场所都会使他感到十分恐惧，如聚会、电梯、堵车等。我们之前有一个患者无法乘坐电梯，只要电梯门一关，他就感到心跳加速，非常难受。但是这位患者的办公室却在30层，所以他只能爬楼，后来因为实在受不了每天爬30层楼只能辞职了。还有一个患者是无法过天桥，但是他回家如果不走天桥，就要多走一两公里的路，他宁可绕更远的路。因为他只要走天桥就有跳下去的冲动。场所恐怖症患者在发作的时候，会出现惊恐发作，惊恐发作的表现，包括心悸、濒死感等。

（4）强迫及相关障碍。有这类障碍的人最怕的不是外界的事物，而是怕自己内心失去对清洁、秩序、理智等的掌控。这类患者最大的特点就是重复和纠缠。重复是指患者花大量时间和精力反复做一件事，而达到的效果与付出远远不成比例；纠缠是指同一个想法或念头在脑子里不断出现，明知过分或毫无必要，却挥之不去。

（5）错失恐怖症。这是一种与时俱进的、随着时代的发展而出现的精神疾病。这类患者的特征就是害怕错过一些最新的信息，比如，他们每天都要去关注一些热门话题，如果偶尔一天没有关注，就害怕自己对他人谈论的话题一无所知。他们开始可能只是关注某个明星的八卦，再往后他们要关注所有明星的八卦，到最后所有的热点新闻一个都不能错过，导致关注的范围越来越广。他们觉得别人说的内容他不知道，这是一件特别丢脸的事情。错失恐怖症与问题性网络使用或问题性手机使用密切相关，而且与人的自我幸福感、自我评价及人际关系都有强烈的联系。我国有研究者在高中生群体和大学一、二年级群体中做了一个调查，发现如果被调查者有错失恐怖症的话，会更容易引起智能手机的问题性使用，也会更容易出现焦虑或其他的情绪问题。

（6）重大事件（自然灾害、恐怖袭击、瘟疫）后的群体恐慌。它是指一些重大事件导致群体出现很多非理智的行为，如抢购、出逃、猜疑、攻击等。这种群体恐慌会造成非常大的社会动荡，以致引起社会的不安甚至是骚乱。

二、产生恐惧的神经机制

产生恐惧的神经机制是在所有的精神疾病中被研究得最透彻的。因为恐惧的产生是比较原始的，而越是原始的精神活动就越容易被人类了解。而特别晚才产生的，如集体的荣誉感、道德感、宗教情感、爱等，很难找到对应的脑区。其实，产生恐惧就一个环路：感知外界的风险—对感知的风险信息进行加工—做出判断—产生情绪反应—产生相关的恐惧记忆—做出相应的行为。恐惧涉及的脑区很多，但最重要的脑区就是杏仁核，杏仁核在颞叶后方很深的位置，是边缘系统的一部分。边缘系统在情绪加工等方面起着非常重要的作用，所以我们常说精神疾病就是边缘系统的疾病。杏仁核与恐惧产生有直接、自主的联系，杏仁核接收到恐惧的情绪后，会做出情感反应，对相关的一些场景进行加工，并放到海马体中存储起来（即恐惧记忆）。为什么要记忆它？因为下次可以躲避同样的风险。俗话说，"一朝被蛇咬，十年怕井绳"，就是这个意思。除此之外，杏仁核还会与其他脑区进行联系，然后让神经内分泌开始工作，所以杏仁核的功能非常复杂。除了杏仁核之外，还有丘脑和前额叶，前额叶负责整合丘脑收集的信息，运动的大脑皮层也会参与进来，因为大脑不但要对危险进行评估，还要告诉身体做好准备。所以，虽然有关键脑区负责恐惧的情绪反应，但实际上需要与其他脑区密切联系，来完成对这个恐惧的风险评估、情绪体验及对恐惧环境的记忆。当然，这个过程中还有很多神经递质在起作用。人的大脑才1000多克，但是大脑有如此复杂的功能，就是因为它会动员神经元，这个神经元主要是去甲杉素的神经元，然后它利用中间神经元做中介，中间神经元主要产生伽巴（g氨基丁酸，GABA），就是神经递质，再给到下游的神经元。当然它会通过神经内分泌进行调控，如通过分泌肾上腺素、糖皮质激素，以此来调整血压、心率及肝糖原的储备或释放，让身体做出反应。这里面有很多调控的靶点，这个靶点包括脑源性神经营养因子（Brain-Derived Neurotrophic Factor，BDNF）。在小鼠实验中，如果把小鼠的BDNF相关的表达基因敲除的话，那么就会发现这个小鼠不会学习与恐惧相关的场景，也记不住恐惧的场景，无论是电刺激还是一些其他的物理创伤，它都不知道躲避了。如果人的这种表达基因缺失，那么他在恐惧学习和恐惧的记忆中也会出现问题。在现实生活中也有一些这样的例子。

【案例1】

Google曾经的热搜：亚历克斯·霍诺尔德死了吗？亚历克斯·霍诺尔德是伯克利大学的工科生，但他为了自己热爱的攀岩运动半路退学，住在一辆房车里面，每天所思考的事情就是如何去征服一座又一座的大山。他攀的岩基本上没有人征服过，因为非常陡峭，而且他没有做任何的保护措施。后来就有科学家研究霍诺尔德为什么不会感到恐惧。他自己的回答是，他在攀爬前已经在脑子里做了很多遍演练，岩石上可以抓的地方、可以脚踩地方，他都研究过。但是这不足以解释他为什么不会感到恐惧。最后神经科学家发现，在面临足以引起一般人恐惧的恐惧刺激时，他没有反应，就是他要有非常高的刺激才会激活杏仁核。同时，他的杏仁核被激活后，还出现另一个脑区——伏隔核的激活。而伏隔核一般在什么情况下会被激活呢？如男女朋友接吻时，也就是伏隔核是让人喜悦、兴奋的脑区。这说明霍诺尔德每次体验恐惧时会感受到强烈的快感，所以他为了获得快感，一次又一次地完成这种挑战，而且这种挑战要一次比一次更刺激，他才能不断地感受到快感。

【案例2】

乔迪·史密斯是英国一位30多岁的男性，他在癫痫发作后，医生拍片子发现他的8%的大脑已经萎缩了，最终医生确定只能切除他10%的大脑，切除10%的大脑包括：右颞叶的前半部分、右侧的杏仁核和右海马体。切除10%的大脑之后，他不恐高了，也不再害怕死亡了，甚至原来轻微的洁癖也好了。现在他回避风险不是靠恐惧感，而是靠自己推理，所以他也不会去做一些冒险的行为。

从病理上来看，杏仁核确实是非常重要的恐惧中枢。有很多的神经科学家都对杏仁核做过研究，华盛顿大学拉里·兹韦费尔等使用内窥镜钙成像方法，发现杏仁核内侧核后腹侧亚区中表达多巴胺 D_1 类受体的神经元分离成两个亚群，一部分投射到腹内侧下丘脑，调控躲避行为；另一部分投射到终纹床核，调控探索与攻击行为。这就非常完美地解释了前面提到的，我们遇到危险时，战斗还是逃跑是由杏仁核决定的。其实，杏仁核感受到的危险都是一样的，但我们做出的反应是不同的。所以大脑非常奇妙，可以创造很多的可能性。面对同样的刺激或损害，它可能表现出完全不一样的反应，如大脑前额叶受损后，可能表现出淡漠、迟钝、懒散等，也可能表现出兴奋、夸张、攻击等。

三、消除恐惧的机制

对于一些病态的恐惧要进行消除，消除的方法有：作用于杏仁核、作用于腹侧前额叶或腹侧海马体，或者是前扣带回，背侧的前扣带回。消除恐惧至少有两种方式：一种是减弱恐惧相关的情绪反应，另一种是消除恐惧的记忆。下面我会介绍一些消除恐惧的研究。

有研究者引入积极心理学的理念，采用一种被命名为"happiness 101"的方法对调查对象进行为期14周的干预，研究人员在调查前、调查后和调查后三个月对调查对象进行了评估发现，干预之后调查对象的恐惧感和恐惧所伴随的焦虑反应，以及对幸福追求的畏惧都有所减轻，而且在三个月后这种效应还持续存在。还有研究者发现运动可以增强人类和啮齿动物的学习和记忆能力，增强创伤记忆的恐惧消退。

复旦大学禹永春团队以小鼠为实验对象发现，在成年小鼠的杏仁核区域移植胚胎时期中间基底神经节隆起的抑制性神经元，可以有效促进负性恐惧记忆的消退，也就是说可以通过这种移植来改善小鼠的恐惧和恐惧反应。

还有研究者发现用了糖皮质激素后，前扣带回被激活了，而且前扣带回跟消除恐惧呈正相关。也有研究发现大麻二酚在动物实验中有助于消除恐惧的记忆，在小样本的临床研究中，提示对创伤后应激障碍的核心症状有显著的缓解作用。我曾经在联合国国际麻醉品管制局工作过，大麻是双料管制品，因为它在精神药物和麻醉品药物中都被管制。但是对于大麻二酚，确实发现它能带来很多好的生理效应，如消除恐惧、消除焦虑、增强记忆、改善睡眠、增加食欲等，所以在国外就有条件地放开了对大麻相关制品的研究，因为大麻二酚是不成瘾的，大麻四氢酚才是成瘾的。我们医院的陆林院长进行了消除恐惧记忆的相关研究，他用的是普萘洛尔（即心得安）来干预恐怖记忆，实验中先让被试习得恐怖记忆，通过再次暴露创伤事件（实验条件下使用电击模拟）后给予普萘洛尔，发现其可以有效降低恐惧反应，减少恐惧复燃，这也从神经影像学的角度得到了证明。除此之外，普萘洛尔还可以帮助消除成瘾记忆，如尼古丁成瘾等。

因为对恐惧的评估有一定的主观性且受一些随机因素的影响，所以进行消除恐惧的研究很容易出问题，特别是做心理研究。有一个"翻车"的例子，美国心理学家席勒 2010 年发表了一篇文章，介绍了一种条件化消除恐惧记忆的方法。这种消除恐惧的方法也被推广于很多的治疗领域。结果在 2020 年，有一位研究者用席勒研究中的数据重新做了分析，发现席勒分析错了，席勒在很多数据的处理上是不对的，如果按照新的方法处理的话，根本无法得出阳性结论。所以这位研究者也在杂志上发表了一篇文章提出：我们不能够肯定 2010 年席勒教授报告的研究结果是肯定的，因为我们重新分析没有证实这一结论。当然这是一个很尴尬的场面，但我们也会由此得到警示，就是用心理学范式干预消除恐惧的研究中可能会有很多"雷区"，大家做这些研究的时候要更加谨慎。

除了这些心理学手段可以消除恐惧的情绪，或者是减少恐惧的记忆，还有什么能够被调动起来帮助我们对抗恐惧呢？其实，人本身就有很多对抗性的武器，如有恨也会有爱，有厌恶也会有喜欢。那么同样的，有恐惧也会有勇气。所以，勇气是人自带的对抗恐惧的原生力量。像我们也有"勇者无惧"的说法。

丘吉尔说过，恐惧是一种反应，勇气是一个决定。我觉得这也挺有意思的，他实际上说明勇气可能与情感无关，勇气更可能是一种理性的判断。

当然，不同的人对勇气有不同理解。柏拉图认为，勇气就是知道不用畏惧什么。这话我个人觉得好像等于没说。马克·吐温认为，勇气是一种对恐惧的抵抗，对恐惧的掌控，而不是消除恐惧。我个人觉得这种说法相对有点道理。海明威说，勇气就是在重压之下的优雅。我觉得这太符合他的形象，但是很多时候我可能衣衫褴褛，或者是处于一个很尴尬的场景，难道我就没有勇气吗？勇气其实与人外在的体面或优雅不完全相关。我举这些例子就是想说明，不同的人对于勇气的理解非常不一样。

那么，勇气从何而来呢？首先我们应该区分勇气和勇敢是不一样的，勇气对应的英文单词是"courage"，勇敢对应的英文单词是"bravery"。国外心理学界定义：勇气是敢于坚持自己认为是对的事情，而且我们坚持去做的时候会有些冒险，特别是当社会上其他人不同意我这么做的时候，这就需要勇气。勇敢是坚持自己认为对的事情，做的时候可能会给自己带来风险，但社会上其他人也赞成自己要做的事情。大家可以仔细体会勇气和勇敢的区别。

按照上面的定义，我认为，勇气可能更多的是借助于自我的信念。所以，我们看一看《刺客列传》中，到底谁真正有勇气，谁只是勇敢。按照前面的说法，荆轲大概是有勇气的人，而夏扶、舞阳大概是勇敢之人。之所以荆轲是有勇气的，就是因为他是基于他自己的信仰，勇气就是自己认为自己做得对，也不管其他人支持或反对，都会坚持到底。"人民有信仰，国家有力量，民族有希望。"为什么要把"信仰"放在第一句，一个国家的人民如果没有信念，那么很难产生凝聚力，很难凝聚成一个国家的力量，也很难有前途。所以我觉得这也符合现在的价值观。

除此之外，我们认为爱是非常重要的帮助人对抗恐惧的条件。那些面对外界的批评、威胁不太会轻易动摇的人，都是在童年时期受到爱的滋养相对比较多的人，所以他们对抗外界的力量也比较强。在童年时期被爱滋养的人，长大后可以悦纳世界，他自己内心比较充盈，就没有那么在乎外界负面的、威胁性的声音，也没那么恐惧外界的反应。一个人如果在童年时期被剥夺了爱，尤其是父母的爱，那么他的内心会长久地存在一种不安感。在美国心理学家亚伯拉罕·马斯洛的需求层次理论中，安全需要是比较底层的层次。一个人如果小时候没有获得足够安全感，那么内心会感到恐惧，而且这种内心的恐惧不会随着年龄的增长而消失。内心存在恐惧的人，容易对世界充满敌意。因为他没有得到过爱，他也很难爱他人。所以，他看世界的角度是大家都对我有敌意，我要跟你们对抗，所以他的对抗性的动作就比较多。所以，人在小时候获得的爱与人成年之后看待世界、对待世界及对待他人的方式密切相关。我们关于孤独症的研究也发现，很多患有孤独症的孩子都是缺少父母的陪伴，所以孩子的生理发育、心理发育被"困住"了，很难与他人产生亲密的连接。对于患有孤独症的孩子，到目前为止，全世界唯一的治疗办法就是训练：训练他们如何与人打交道，如何对他人作出回应等。所以父母对孩子的爱，对孩子的心理健康成长非常重要。

最近好像很流行泰戈尔的这句话：世界以痛吻我，我却回报以歌。我觉得翻译得其实不好，翻译得太矫情了。我觉得泰戈尔的原意更像《道德经》中：天地不仁，以万物为刍狗。意思就是天地对万物没有害、没有恨、没有爱，都是公平对待的，有时可能过来一阵冷风、一阵狂风暴雨、一阵冰雹，也可能春风和煦，但不管天地怎么样对你，你的回报都应该是热爱生命、热爱世界。韩红采访时说过一句话我倒觉得挺好，她说：既然已经没有人爱我了，我就去爱别人好了。韩红好像很小的时候父母就离异了，她跟着奶奶长大。她奶奶去世后，她曾经陷入了非常大的精神痛苦中，之后她就开始做慈善。所以，相比前面一句我更喜欢韩红这句话，就是我虽然没有被爱包围，或者我失去了一直爱我的人，但我还是用我的爱回报他人，我觉得这句话更积极一些，没有那么矫情。

所以，我们也要理解，一个人小时候受到的爱的滋养和长大之后他与世界的关系的定位。

四、终极恐惧：死亡

最后，我们要谈到人的终极恐惧——死亡。所有恐惧最核心的就是对死亡的恐惧。人大概是唯一在健壮和安全期会对死亡产生恐惧的生物，而且人对死亡的恐惧在生命的任何周期都会发生。我们见过最小的以死亡为惊恐发作来源的是一个6岁孩子，他会经常拉着他妈妈的手问："妈妈，要是我死了，你会想我吗？"这把他妈妈问得毛骨悚然。由此可见，6岁的孩子就可以意识到生和死是一个界限。当然，人对死亡的恐惧在老年期表现得更为突出。所以，我们认为现在所有病态的恐惧的终极来源可能都是对死亡的恐惧。

但是有意思的是，在精神病学领域，对死亡焦虑或死亡恐惧的研究非常少，我们查了很多文献，大概在中国只找到一篇文献，还是针对四川地区的研究。这个研究比较了老年人与中年人的死亡焦虑，发现老年人的死亡焦虑水平普遍较高，而且女性老年人更高一些，但是中年人的死亡焦虑比老年人更高。虽然这个研究的样本量比较少，但还是反映了死亡焦虑的检出率是比较高的。但无论是心理学家，还是精神科医生，大家避而不谈死亡问题，甚至老年人抑郁、焦虑、失眠的时候，他也不会提及自己其实是有对死亡的焦虑的。

奥地利精神病医师西格蒙德·弗洛伊德在他早期研究得最多的就是力比多（libido），即爱欲，他说人的整个精神活动的驱动力就是力比多。当他进入晚年后，特别是他患了口腔癌，与癌症进行痛苦的斗争时，他开始提出了一个新的理论——"死本能"。

　　其实弗洛伊德在早期，也开始考虑死亡了。他在很早的著作中就提到：我一直在考虑我的死期，而且经常做梦，梦到我死在了我母亲的面前，给她造成了很大的痛苦。而且弗洛伊德一直有死亡焦虑，当死亡恐惧袭来时，他会产生自身之死和诀别场面的幻觉。但此时，弗洛伊德依然还是把力比多作为精神活动的驱动力来源。当他进入了最后的生命阶段时，他才提出"死本能"。但这个理论被弗洛伊德的研究者刻意回避掉了，因为他们觉得这个理论太悲观，而且与弗洛伊德之前的很多著作的思想相矛盾。"死本能"就是一种要摧毁秩序、回到前生命状态的冲动。"前生命状态"就是组成生命之前的元素状态。按照他的主张，每一个人都有趋向毁灭和侵略的本能的冲动，这个冲动起初是朝着本身而发的。他认为，这个死亡的本能设法要使人走向死亡，因为只有到死亡阶段人才能获得真正的平静，而且只有在死亡——这个最后的休息里，个人才有希望完全解除紧张和挣扎。这完全颠覆了他之前的理论，所以他的很多追随者不太能接受。

　　实际上，第二次世界大战之后，不仅是弗洛伊德的"死本能"慢慢地让一些研究者对这方面做更深入的研究，还有一些存在主义心理学家也开始讨论人类对束缚或约束的状态到底是排斥还是依从。美籍德国社会心理学家艾瑞克·弗洛姆的著作《逃避自由》中的观点跟弗洛伊德的"死本能"有一点类似，他认为，人虽然说追求自由，但其实人都在逃避自由，因为自由付出的代价太大了。我们要做的是回归和大多数人一样的生活，按照社会标准、社会规则，循规蹈矩地做事，这样才是最安全的。

　　可见，在第二次世界大战之后，很多人对人类的思维，包括对人类本能的冲动开始反思。弗洛伊德的"死本能"只是解释人们对死亡态度的一种假说，也是他一生的研究的一个句号，这个句号画得是否圆满我们不好评论。我们结合他自己的生命状态，因为他最后逃离了他工作了多年的维也纳，最后死在伦敦，他的一些亲人也死在纳粹的集中营。他会产生这样的想法我觉得是可以理解的。

"如何面对死亡恐惧"这个命题为什么要在精神病学领域提出？这个命题好像是属于哲学界、神学界的范畴。但是精神病学领域的临床医生或研究者不得不面对很多的患者，无论是中年人、老年人，还是青年人，都绕不开对死亡的恐惧，这种恐惧可能会以各种形式表达出来，但最终其实就是面对死亡的恐惧。

那么，如何解开所谓的死亡恐惧？用宗教或哲学吗？我们中国人对宗教的态度是"信则有，不信则无"，宗教在我们的精神生活中并不占重要的位置。而中国的哲学也不太像生命哲学，而更多的像生活哲学，所以不太能解决生死的问题。回到我们今天最后的主题，靠勇气？勇气确实可以帮助我们战胜他人对我们的歧视、排斥、孤立，战胜很多的威胁，但是对靠勇气战胜死亡恐惧我是持怀疑态度的。所以这是一个悖论，死亡恐惧对于人类来说，是一个非常终极的恐惧，但是我们没有配套的方案来解决人对死亡的恐惧，这就会造成很多的精神困扰，但这也是精神病学的魅力所在。

有一位精神病学家说过这么一段话，我把这段话作为今天讲座的结束。他说，精神病学实际上有一个非常宽的跨度，这个跨度的一极是放在可以被科学发现的一端，发现生命的问题并用科学手段解决；而跨度的另外一极会落到人类灵魂的解脱和自由的一端，这一端恐怕无法用科学了，我们只能大声呼吁、祈祷，希望人类自我的心灵能够获得释放和解放。

在今天的讲座中，如果我们往可以被科学发现的一端看，我讲了神经科学、神经元等；然后往中间走一走，我讲了临床表现、心理评估，然后再往另外一端走一走，我们看到了人类灵魂的困扰与不安。所以，精神病学有这么大的一个跨度，你可以对精神病学的现象和这些受折磨的灵魂，或者其他任何一点，发生兴趣。无论你从事什么行业，都可以在精神病学领域找到可以合作的点。

以上，就是我要跟大家分享的内容，谢谢大家。

2021 年 10 月 14 日

（根据讲座录音整理，已经本人审阅）